KB240549

AI로 배우는 시간관리 습관

AI 로 배우는
시간관리 습관

백광석 지음

다운길

AI 덕분에 하루가 가벼워지기 시작했다

아침에 눈을 뜨는 순간부터 머릿속이 해야 할 일들로 가득 차면 하루가 시작도 전에 무거워진다. 그런데 어느 날 "오늘 해야 할 일 다섯 가지만 골라줘"라고 AI에게 말했더니 단숨에 마음이 정리되는 경험을 했다. 흩어져 있던 일들이 또렷하게 정돈되고 우선순위가 보이니 출발이 한결 부드러워졌다. 작은 요청 하나가 이렇게 큰 여유를 만든다는 사실이 놀라웠다. 그 순간부터 AI가 내 하루에 꼭 필요한 도구일 수 있다는 확신이 생겼다.

그 후로는 아침에 준비하는 일들도 AI에게 맡겨보며 작은 실험을 계속했다. "10분 안에 움직이려면 어떤 순서가 좋을까?"라고 물었더니 놀랍도록 단순하고 현실적인 조언이 돌아왔다. 그대로 따라가자 준비 시간이 줄고 여유가 생겨 마음까지 가벼워졌다. 매일 반복하는 일조차도 혼자 머릿속에서 끙끙거리며 정리할 필요가 없다는 걸 그

때 처음 깨달았다. 할 일 중 일부를 AI에게 넘기는 것만으로도 하루 전체가 단순해졌다.

AI는 우리의 하루를 대신 살아주는 존재가 아니라, 조금 덜 피곤하게 살아갈 방법을 조용히 알려주는 도구처럼 다가온다. 복잡한 일정 정리나 반복되는 작업들은 AI가 훨씬 빠르고 정확하게 처리해주었고, 덕분에 나는 남은 시간을 내가 원하는 곳에 쓸 수 있게 되었다. 이렇게 쌓인 작은 변화들이 하루의 결을 바꾸기 시작했다는 걸 금세 실감하게 된다. 많은 일을 맡기지 않아도 충분히 큰 효과가 난다는 점이 특히 인상적이었다. AI가 주는 여유는 생각보다 훨씬 실감나는 경험이었다.

이 책은 AI를 어려운 기술이 아닌 일상을 부드럽게 만들어주는 실용적인 도구로 소개한다. 아침 루틴부터 업무 정리까지 간단한 예제를 따라 하다 보면 "이 정도면 나도 쉽게 할 수 있겠다"라는 감각이 자연스럽게 생긴다. 집중이 흐트러지는 날에는 AI가 작은 코치처럼 방향을 잡아주고, 해야 할 일이 많아 지칠 때도 흐름을 다시 정리하는 데 도움을 준다. 그렇게 하루의 구조가 조금씩 정돈되기 시작하면 습관도 자연스럽게 이어진다. 이 책이 당신의 하루를 조금 더 가볍게 만들어주는 첫 번째 신호가 되기를 바란다.

백광석

차 례

프롤로그 _ AI 덕분에 하루가 가벼워지기 시작했다　　　4

1장. AI가 바꿔놓은 시간의 흐름

01 일의 방식이 달라지기 시작했다　　　11

02 바쁜 사람일수록 AI가 잘 맞는 이유　　　15

03 계획보다 실행이 쉬워지는 기술　　　19

04 AI가 루틴을 가볍게 만드는 순간들　　　24

05 하루가 달라지는 '작은 자동화' 효과　　　28

2장. AI로 바꿔본 시간관리 실험실

01 아침 루틴을 AI로 재설계해보기　　　33

02 일정표를 AI에게 맡겨보기　　　37

03 오늘 해야 할 일 5개 자동 추천받기　　　41

04 집중이 흐트러질 때 AI에게 대처법 묻기　　　45

05 운동·식단·학습 루틴 자동 생성하기　　　49

06 인박스 제로를 AI에게 도전시키기　　　53

07 업무 시간을 절약하는 이메일 재작성　　　58

08 하던 일을 계속하도록 'AI 리마인더' 설정　　　62

09 1주일 루틴 피드백을 AI로 받아보기　　　66

10 게으름 방지용 미니 코칭 받기　　　70

3장. AI에게 맡길 수 있는 것들

01 계획 세우기, AI가 훨씬 잘한다 75

02 해야 할 일 정리, 30초면 끝나는 이유 78

03 나도 몰랐던 시간낭비 패턴 찾기 82

04 루틴 진단받기 : AI 코칭의 시작 86

05 작은 반복 업무를 AI에게 완전히 넘기기 90

4장. 하루를 가볍게 만드는 AI 루틴 만들기

01 아침 루틴을 자동화하는 쉬운 방법 95

02 해야 할 일을 '줄이는' 기술 99

03 AI가 알려주는 한 가지 우선순위 103

04 오후 집중력 회복 루틴 만들기 107

05 저녁 루틴은 습관 유지의 핵심 111

06 AI로 하루 마무리 리포트 작성하기 115

07 1주일 루틴을 자동 조정하는 법 119

5장. 나에게 맞는 루틴으로 커스터마이징하기

01 야근 많은 사람을 위한 AI 루틴 125

02 공부와 일 병행하는 사람을 위한 루딘 129

03 반복적으로 바쁜 사람을 위한 루틴 133

04 프리랜서·자영업자를 위한 루틴 137

05 '할 일이 너무 많은 사람' 유형 141

06 '꾸준함이 어려운 사람' 유형 145

07 게으름이 심한 사람의 루틴 설계법 149

6장. 시간을 지키는 마음 습관

01 내가 나를 지켜주는 가장 쉬운 방법　　　　　　　　153

02 작은 걸음 하나가 리듬을 만든다　　　　　　　　　157

03 피곤한 날에도 지킬 수 있는 루틴　　　　　　　　　162

04 중간에 흔들릴 때 AI가 해주는 말　　　　　　　　　166

05 완벽하지 않아도 계속 가는 기술　　　　　　　　　170

06 습관이 나를 지켜주는 날들　　　　　　　　　　　174

7장. AI와 함께 일하는 스마트 워크플로우

01 하루 업무를 3단계로 나누기　　　　　　　　　　179

02 AI가 만들어주는 '일 잘하는 구조'　　　　　　　　183

03 회의·보고·정리를 자동화하는 법　　　　　　　　186

04 아이디어 발상 시간을 줄이는 기술　　　　　　　190

05 문서 작업 시간을 절반으로 줄이는 루틴　　　　194

06 야근을 줄이는 스마트 프로세스　　　　　　　　198

8장. AI와 함께 살아가는 새로운 하루

01 AI를 친구처럼 쓰는 사람들　　　　　　　　　　203

02 기술이 나를 더 가볍게 하는 순간　　　　　　　207

03 하루의 결을 바꾸는 작은 습관들　　　　　　　212

04 내일을 위해 남겨두는 여유의 기술　　　　　　216

05 AI 시대의 새로운 라이프스타일　　　　　　　　220

〈 사용 설명서 〉

이 책에서 설명하는 AI 루틴은 모두 사용자가 간단한 정보를 알려주는 것에서 출발한다. 아침의 기분, 오늘의 일정, 해야 할 일 몇 가지처럼 작은 단서를 말하면 AI는 그 정보를 기반으로 루틴을 정리하고 하루의 흐름을 설계해준다. 복잡한 세팅이나 긴 입력이 필요한 것이 아니라, 필요한 순간마다 한두 줄만 건네도 충분하며 AI는 그 안에서 가장 효율적인 시간 흐름을 찾아 제안한다. 그래서 이 책의 모든 예시는 'AI에게 상황을 알려준다 → AI가 정리해준다'는 아주 단순한 구조로 되어 있으며, 누구나 지금 바로 따라 해볼 수 있는 현실적인 방법들만 담고 있다.

예)
"오늘 할 일 : 미팅 준비, 보고서 초안 작성, 운동 가기"
→ "세 가지 일정 중 먼저 집중이 필요한 일을 앞쪽에 배치하고, 나머지는 오후 흐름에 자연스럽게 맞춰볼게요."

1장

AI가 바꿔놓은
시간의 흐름

01

일의 방식이 달라지기 시작했다

아침에 눈을 뜨면 해야 할 일들이 한꺼번에 떠오르며 마음이 먼저 지치는 순간이 있다. 무엇을 먼저 시작해야 할지 애매한 상태에서 시간을 흘려보내다 보면 하루 전체가 뒤로 밀린 듯한 느낌이 들고, 머릿속은 복잡한데 몸은 쉽게 움직이지 않는 답답함이 생긴다. 그런데 어느 날 가볍게 "오늘은 뭐부터 하면 좋을까?"라고 AI에게 물었더니 바로 실행 가능한 작은 단계들이 정리되어 돌아오면서 생각보다 빠르게 하루가 열리기 시작한다. 이런 작은 경험은 우리가 일의 첫 단추를 끼우는 방식을 조금씩 바꿔주며 익숙한 하루의 무게를 부드럽게 덜어준다.

AI가 흐름을 잡아주는 순간

예전에는 머릿속에 떠다니는 일들 사이에서 우선순위를 찾느라 시간이 꽤 걸렸지만 이제는 AI에게 상황을 간단히 설명하는 것만으로 적당한 순서와 필요한 단계를 바로 제안받을 수 있다. "회의 준비도 하고 이메일도 보내야 하는데 어디부터 할까?"라는 질문만으로도 AI는 핵심 작업을 먼저 정리하도록 도와주고 부담이 적은 일부터 시작하는 방식도 알려준다. 이렇게 흐릿하게 흩어져 있던 일들이 한 줄로 정리되면 시작이 쉬워지고, 시작이 쉬워지면 하루 전체가 부드럽게 이어진다. 자연스럽게 우리는 얼마나 많은 시간을 "정리되지 않은 하루"에 쓰고 있었는지 깨닫게 된다.

계획보다 실행이 가벼워지는 방식

많은 사람이 계획을 세우는 과정에서는 의욕이 넘치지만 막상 시작하려는 순간 어려움을 느끼는 이유는 계획이 복잡하거나 기대치가 너무 높기 때문이다. AI는 바로 이 부분을 단순화해주는 역할을 한다. 예를 들어 "오늘 운동할까 말까 고민돼"라고 말하면 AI는 짧게 따라 할 수 있는 루틴이나 부담 없는 시작점을 제시해주며 실천의 문턱을 낮춰준다. 이런 흐름은 계획을 크게 세우기보다 바로 움직일 수 있는 작은 행동부터 하도록 도와주기 때문에 실행 자체가 훨씬 자연스러워진다. 실행이 쉬워지면 하루 속에서도 "멈춤"의 순간이 줄어들고 자신에게 맞는 리듬을 찾기 쉬워진다.

루틴의 무게가 줄어드는 경험

아침 일과가 너무 길거나 복잡하면 시작하기 전부터 지치는 경우가 많지만 AI에게 "아침 루틴 줄여줘"라고 말하면 핵심만 남긴 간단한 루틴이 제안된다. 예를 들어 "물 한 잔 마시기, 오늘 할 일 세 가지 정하기, 10분 스트레칭"처럼 바로 따라 할 수 있는 흐름이 만들어지면서 부담이 크게 줄어든다. 이렇게 간단한 루틴 하나만 바뀌어도 하루가 시작되는 느낌이 훨씬 부드러워지고, 작은 성공 경험이 쌓이면 루틴을 이어가는 힘도 생긴다. AI는 복잡한 것들을 단순한 흐름으로 바꿔주는 데 특히 강점을 가지고 있다.

작은 자동화의 놀라운 효과

AI를 쓰다 보면 복잡한 기능보다도 생활 속 작은 자동화에서 더 큰 차이를 느끼게 된다. 반복되는 이메일 답장, 매일 비슷한 메모 작성, 잊기 쉬운 할 일 챙기기 같은 사소한 일들을 AI가 대신 처리해주면 머릿속이 한층 가벼워지고 생각해야 할 양이 줄어든다. 예를 들어 "중요한 일정은 오전에 알려줘"라고 해두면 필요한 순간에 맞춰 리마인더가 도착해 하루의 흐름을 안정적으로 유지할 수 있다. 이런 작은 변화들이 모이면 더 이상 사소한 일들에 에너지를 뺏기지 않아도 되고 중요한 일에 집중할 여유가 생긴다.

일의 방식 자체가 바뀌기 시작한 이유

AI가 바꾼 것은 단순히 일을 덜어주는 기술이 아니라 우리가 하루를 대하는 마음가짐에 더 가깝다. 예전에는 작은 일을 시작하는 데도 여러 번 고민하거나 머릿속으로 먼저 구조를 만들기 위해 시간을 썼지만 이제는 짧은 문장 하나로 필요한 만큼만 도움을 받고 바로 움직일 수 있게 되었다. 누구는 일정을 정리하는 데 도움을 받고, 누구는 루틴을 유지하는 데 도움을 받으며, 또 누구는 단순한 피드백을 통해 흐름을 되찾는다. 각자의 방식대로 필요한 만큼만 사용해도 충분히 실감나는 변화를 느낄 수 있다는 점이 AI 활용의 가장 큰 매력이다.

가벼워진 하루가 만들어내는 새로운 흐름

AI는 우리의 하루를 대신 살아주는 존재가 아니라 조금 덜 피곤하고 조금 더 안정적인 하루를 만드는 조용한 도구처럼 작동한다. 머릿속을 복잡하게 만들던 많은 일들을 자연스럽게 정리해주고 시작을 돕는 작은 문장을 건네며 하루의 흐름을 다시 붙잡아준다. 그렇게 일상이 단순해지고 마음이 가벼워지면 하루를 계획하는 방식도 자연스럽게 변하고 자신에게 맞는 리듬을 찾는 일이 쉬워진다. AI가 가져온 변화는 기술적인 발전보다 더 일상적이고 현실적인 방식으로 우리 곁에 자리 잡으며 시간을 바라보는 방식을 부드럽게 바꿔주고 있다.

02

바쁜 사람일수록 AI가 잘 맞는 이유

아침부터 정신없이 바쁘게 움직이다 보면 해야 할 일은 끝이 없는데 시간은 늘 부족하다는 느낌이 들 때가 많다. 출근 준비를 하면서도 머릿속에서는 회의 준비와 처리하지 못한 이메일이 동시에 떠오르고, 점심 무렵이면 이미 하루의 절반이 지쳐버린 것처럼 느껴지곤 한다. 이렇게 여유 없이 흘러가는 날들 속에서 무언가를 더 잘해보고 싶어도 시작할 힘조차 나지 않는 순간이 찾아온다. 그런데 어느 날 가볍게 AI에게 "오늘은 어디부터 하면 좋을까?"라고 물어보자 단순하고 현실적인 제안이 돌아오며 마음이 금방 정리되는 경험을 하게 된다. 바쁜 사람에게 AI가 유난히 잘 맞는 이유는 바로 이런 작은 순간에서 분명하게 드러난다.

시간을 덜 써도 되는 이유

바쁜 사람들은 대부분 해야 할 일을 떠올리고 정리하는 데 이미 많은 에너지를 쓰고 있고, 그 과정 자체가 부담으로 작용할 때가 많다. AI는 이 부담을 크게 줄여주는 역할을 한다. 예를 들어 "회의 준비 어떻게 시작할까?"라고 물으면 필요한 자료를 요약해주거나 우선 처리해야 할 포인트만 정리해주어 생각해야 할 양을 줄여준다. 이런 흐름은 시간이 부족한 사람에게 특히 유용한데 이유는 사고의 부담을 줄이고 바로 실행할 수 있도록 길을 열어주기 때문이다. 정리하는데 쓰던 시간이 줄어들면 실제 중요한 일을 하는 시간이 자연스럽게 늘어난다.

작은 결정들이 쉬워지는 순간들

바쁜 사람일수록 매일 수십 가지의 작은 결정을 내려야 하고, 이런 결정들이 쌓이면 피로감이 빠르게 찾아온다. 그런데 AI는 이런 "자잘한 선택"들을 대신 정리해주는 데 매우 강하다. "점심 전에 할 일 추천해줘"라고 말하면 지금 상황에 맞는 가벼운 작업부터 제시해주고, "메일 답장 어떻게 쓰지?"라고 물으면 기본 틀이 바로 완성된다. 이렇게 고민하지 않아도 되는 순간들이 늘어나면 하루가 훨씬 덜 지치게 되고, 집중해야 하는 일에 더 많은 에너지를 쓸 수 있게 된다. 특히 시간 압박이 심한 사람에게는 이런 작고 빠른 도움들이 큰 변화로 이어진다.

머릿속 정리가 자연스럽게 되는 흐름

바쁜 일정 속에서는 생각이 너무 많아서 오히려 아무것도 손에 잡히지 않는 경우가 흔하다. 해야 할 일을 정리하려 하면 더 복잡해지고, 처음부터 다시 생각하다 보면 시간이 훌쩍 지나버린다. AI는 이런 혼란을 빠르게 정돈해주는 데 도움을 준다. 상황을 한두 줄로 설명하기만 해도 AI는 할 일 목록을 간단하게 만들어주고, 필요 없는 요소는 빼주며 지금 당장 시작할 수 있는 한 단계만 남겨준다. 마음이 복잡할수록 단순한 흐름이 큰 힘을 발휘하는데 AI가 만들어주는 이 단순화는 바쁜 사람들이 특히 크게 체감하는 부분이다.

일정을 놓치지 않게 해주는 구조

바쁜 사람들의 공통점 중 하나는 중요한 일을 기억해두었지만 실제로는 자주 놓친다는 점이다. 일정이 많고 업무가 겹치는 날일수록 이런 실수가 늘어나는데, AI는 작은 리마인더나 자동화 기능만으로 이런 실수를 크게 줄여준다. 예를 들어 "중요한 일정은 오전에 알려줘"라고 해두면 필요한 순간마다 적절한 알림이 도착하고, "내일 아침에 이 문서 다시 보라고 알려줘"라고 말하면 깜빡할 일이 줄어든다. 사소한 일정 관리가 안정되면 하루 전체가 훨씬 부드럽게 움직이고, 중요한 일에 더 집중할 여유도 생긴다.

바쁜 사람에게 맞춘 AI의 속도

바쁜 사람들에게 AI가 잘 맞는 또 하나의 중요한 이유는 "속도"다. 짧은 문장 하나만 입력해도 필요한 정보가 즉시 정리되어 돌아오기 때문에 시간을 거의 쓰지 않아도 원하는 결과를 얻을 수 있다. "보고서 초안 만들어줘"라고 말하면 기본 구조를 바로 받아볼 수 있고, "3분 안에 회의 요약해줘"라고 하면 핵심만 압축된 요약이 도착한다. 이런 빠른 반응은 바쁜 일상 속에서 일의 흐름을 끊지 않게 도와주며, 그 자체가 큰 효율로 이어진다.

시간뿐 아니라 마음의 여유까지 생기는 이유

바쁘게 움직이는 사람일수록 시간을 절약하는 것만큼 중요한 것이 마음의 여유다. AI는 단순히 일을 대신 처리하는 도구가 아니라 "생각을 덜어주는 존재"로 작동하며 정신적 부담까지 줄여준다. 더 이상 머릿속에서 모든 일을 기억하고 정리할 필요가 없고, AI에게 가볍게 묻는 것만으로도 흐름을 바로 잡을 수 있다. 마음이 여유로워지면 하루를 대하는 태도도 달라지고, 피로감이 줄어들며 작은 일에도 힘이 덜 빠진다. 그래서 바쁜 사람들은 AI를 쓰기 시작하면 금방 익숙해지고, 어느 순간 자연스럽게 AI를 자신의 리듬 속에 녹여 삶을 조금 더 편하게 만들어간다.

03

계획보다 실행이 쉬워지는 기술

아침에 책상 앞에 앉아 오늘 해야 할 일들을 떠올리다 보면 머릿속이 복잡해지는데 정작 손은 잘 움직이지 않는 순간이 있다. 머릿속에서는 "이것부터 해야지"라는 생각이 몇 번이나 스쳐 지나가지만 막상 시작하려 하면 어디선가 작은 저항이 생기며 몸이 굼떠진다. 계획은 멀쩡하게 세워놨는데 실행은 좀처럼 따라오지 않는 이런 상황은 누구나 익숙한 경험일 것이다. 그런데 어느 날 가볍게 AI에게 "지금 당장 할 수 있는 일 하나만 알려줘"라고 말했을 때 곧바로 실행으로 이어지면서 하루가 자연스럽게 흘러가기 시작했다. 계획보다 실행이 쉬워지는 순간은 이런 아주 단순한 요청에서 조용히 시작된다.

작게 시작하도록 도와주는 AI의 방식

많은 사람이 계획을 세울 때는 에너지가 넘치지만 실제 행동으로 옮기려고 하면 부담이 커져 움직임이 멈추곤 한다. AI는 이 지점을 정확하게 가볍게 만드는 역할을 한다. 예를 들어 "운동 시작하기 너무 귀찮아"라고 말하면 AI는 "딱 3분만 스트레칭해볼까?"처럼 부담 없는 시작점을 제안해주어 실행의 문턱을 낮춘다. 아주 작은 행동부터 시작하면 몸이 자연스럽게 따라가고 그다음 단계로 넘어가기 쉬워지는데 AI는 이 흐름을 잡는 데 매우 능숙하다. 중요한 것은 큰 결심이 아니라 아주 작은 첫 걸음이라는 사실을 자연스럽게 느끼게 만든다.

계획을 복잡하게 만들지 않는 단순함

일정이 많은 날일수록 계획을 세우는 과정이 오히려 더 어렵게 느껴지곤 한다. 해야 할 일이 늘어나면 계획 역시 금세 복잡해지기 때문이다 하지만 AI에게 "오늘 일정을 단순하게 정리해줘"라고 말하면 핵심만 남기고 군더더기를 제거한 단순한 계획이 돌아온다. 예를 들어 "집중 30분, 휴식 5분, 작은 일 하나 처리하기"처럼 누구든 바로 시작할 수 있는 흐름이 만들어진다. 이렇게 단순한 계획은 머릿속 혼란을 줄여 주고, 생각 대신 바로 행동으로 이어지는 길을 열어준다. 복잡함을 줄이기만 해도 실행이 훨씬 쉬워진다는 점을 깨닫게 되는 순간이다.

즉시 실행을 돕는 빠른 제안들

우리는 계획을 세우는 데 너무 많은 시간을 쓰지만 실제 행동으로 이어지는 경우는 그보다 훨씬 적다. 이때 AI는 "즉시성"이라는 강력한 도움을 준다. 예를 들어 "지금 할 수 있는 중요한 일 하나만 골라줘"라고 하면 AI는 현재 상황과 우선순위를 바탕으로 바로 실행 가능한 일을 제시한다. 이런 빠른 제안은 고민을 줄여주고 행동으로 바로 이어지도록 도와주며, 특히 바쁜 사람들에게 큰 힘이 된다. 해야 할 일을 골라내는 시간이 줄어들수록 실제 행동에 쓸 수 있는 시간은 더 많아진다. 작은 제안 하나가 하루의 흐름을 바꾸는 이유가 여기에 있다.

정리 과정 없이 바로 움직이게 돕는 구조

계획을 세우려면 먼저 해야 할 일이 무엇인지 정리해야 하는데, 이 과정이 길어지면 실행 단계까지 도달하기가 쉽지 않다. AI는 이 정리 과정을 몇 초 만에 대신해주며 바로 행동할 수 있는 환경을 만들어준다. "오늘 해야 할 일 정리해줘"라고 말하면 중요한 일과 가벼운 일이 깔끔하게 분리된 목록이 돌아오고, "지금 당장 한 가지 골라줘"라고 하면 단순한 시작점 하나가 제시된다. 정리가 끝난 상태에서 행동으로 들어가는 것은 훨씬 가볍고 자연스럽기 때문에 실행의 속도가 빠르게 올라간다. 생각보다 많은 이들이 실행을 못 하는 이유가 정리 단계에서 멈추기 때문이라는 점도 알게 된다.

루틴이 행동으로 이어지는 흐름

루틴을 유지하는 것은 계획만으로 이루어지지 않고 작은 행동들이 반복될 때 비로소 자리 잡는다. AI는 이 반복을 자연스럽게 이어주기 위해 짧고 명확한 신호를 주는 역할을 한다. 예를 들어 "오후 집중 루틴 알려줘"라고 하면 "10분 정리 → 20분 집중 → 5분 휴식"처럼 간단한 흐름이 만들어지고, "저녁 정리 루틴 만들어줘"라고 하면 하루를 정리하는 데 필요한 최소한의 요소만 남긴 루틴이 제시된다. 이렇게 행동을 쉽게 이어갈 수 있는 구조가 생기면 루틴은 부담이 아니라 하루를 안정시키는 친숙한 흐름이 된다. AI가 만들어주는 이 부드러운 반복은 꾸준함을 자연스럽게 돕는다.

계획보다 행동이 앞서게 되는 이유

AI를 사용해보면 어느 순간 계획을 길게 세우기보다 바로 움직이는 일이 훨씬 쉬워진다는 것을 느끼게 된다. 원래는 무엇을 먼저 할지 고민하는 데 많은 시간을 썼지만 이제는 그 고민을 AI에게 맡기면 되고 자신은 제시된 단계만 따라가면 된다. 이때 마음은 한결 가벼위지고 몸은 자연스럽게 움직이며 하루의 흐름이 정돈된다. AI가 바꿔놓은 것은 복잡한 기술이 아니라 우리가 하루를 시작하는 방식이며, 그 중심에는 "작은 행동을 가능하게 만드는 부드러운 도움"이 있다. 그래서 AI가 일의 방식을 바꾸는 변화는 크고 거창하지 않지만 일상 깊숙한 곳에서 가장 현실적으로 작용하며 실행을 쉽게 만들어주는 힘을 발휘한다.

04

AI가 루틴을 가볍게 만드는 순간들

길을 걷다 잠시 멈춰 숨을 고르는 순간, 머릿속에서는 오늘 하지 못한 일들이 천천히 떠오르고 마음 한쪽에서는 어떻게든 균형을 잡아보려는 작은 의지가 피어오른다. 해야 하는 일과 하고 싶은 일 사이에서 자연스럽게 밀려오는 부담감 속에서 사람들은 종종 루틴을 유지하고 싶어도 쉽게 흔들리곤 한다. 스마트폰 알림은 계속 울리고 생각은 여러 갈래로 흩어지지만 그 사이에서 아주 작은 리듬 하나만 다시 찾으면 하루의 결이 부드럽게 돌아오는 경험을 하게 된다. 그 미세한 흐름을 되살리는 데 AI의 역할은 생각보다 자연스럽고 편안하게 스며들며 우리가 매일 반복하는 루틴을 조금씩 가볍게 바꿔준다.

작은 루틴이 만들어내는 흐름

사람들은 루틴이라고 하면 거창한 계획이나 멋진 다이어리를 먼저 떠올리지만 실제로 하루를 바꾸는 것은 몇 초 안에 끝나는 작은 반복들이다. 예를 들어 집을 나서기 전 가방 안에 챙길 것들을 떠올리다가 빠뜨리는 일이 반복되면 그만큼 하루의 시작이 흔들리기 쉬운데 AI에게 "출근 전에 챙길 목록 알려줘"라고 말하는 것만으로도 매일 아침이 훨씬 가벼워진다. AI는 사용자가 이전에 자주 놓쳤던 물건이나 필요한 준비물을 자연스럽게 기록해두고 다음 날에도 알아서 다시 알려주기 때문에 굳이 기억하려 애쓰지 않아도 된다. 이런 작은 도움 덕분에 사람들은 루틴을 유지하기 위해 애써 신경 쓰지 않아도 되고 그만큼 중요한 일에 에너지를 남겨둘 수 있다. 루틴이 흐트러지는 가장 큰 이유가 "기억해야 하는 부담감"이라는 점을 생각하면 AI는 기억의 부담을 줄이고 리듬을 되살리는 역할을 자연스럽게 해준다.

흐트러지는 순간을 부드럽게 이어주는 힘

어떤 날은 집중하려고 책상 앞에 앉아도 눈앞의 일들이 복잡하게 느껴지며 무엇부터 손대야 할지 정해지지 않는 시간이 길게 이어지기도 한다. 그럴 때 AI에게 단순히 "지금 집중력이 흐트러졌어, 5분만 다시 시작할 방법 알려줘"라고 건네면 당장 실행할 수 있는 구체적인 제안이 돌아오는데 이 짧은 메시지가 생각보다 큰 흐름을 만든다. 예를 들어 "타이머 3분만 켜고 눈에 보이는 것 하나만 정리해봐" 같은 간단한 안내는 마음의 무게를 줄이면서도 행동의 첫걸음을 도와준다. 그리고 이런 작은 행동이 이어지면 어느새 집중의 흐름이 자연스럽게 돌아오는데 사람은 원래 "첫 1분"만 넘기면 행동이 이어지는 경향이 있어 AI의 안내는 이 시작점에 큰 역할을 한다. 결국 루틴을 만드는 힘은 의지가 아니라 흐름을 잡아주는 작고 구체적인 제안에서 나오기 때문에 AI는 느슨해진 순간을 부드럽게 연결하는 데 매우 유용하다.

반복되는 일상 속 부담을 덜어주는 안내자

하루를 살다 보면 신경 쓸 일이 많은 만큼 루틴이 무너지기 쉬운 지점도 많아지고 특히 일정 관리나 반복되는 집안일 같은 일들은 조금만 지쳐도 쉽게 미뤄지게 된다. 예를 들어 퇴근 후 집에 와서 저녁을 준비해야 하는데 막상 메뉴를 고르는 것조차 번거롭게 느껴지면 아무 것도 하지 않은 채 시간을 흘려보내기 쉽고 이런 경험은 누구나 한 번쯤 겪는다. 이때 AI에게 "재료는 이것밖에 없는데 15분 안에 만들 수 있는 저녁 추천해줘"라고 말하면 몇 가지 선택지를 빠르게 제시해주고 필요한 과정까지 단순하게 정리해주기 때문에 마음의 문턱이 낮아진다. 작은 결정 하나라도 대신해주는 순간 부담이 줄어들고 행동이 이어지는데 AI는 특히 이런 반복적인 선택 상황에서 사람들보다 훨씬 빠르게 흐름을 만들어주는 장점이 있다. 결국 루틴을 유지하는 데 중요한 것은 선택의 부담을 줄이고 계속 이어갈 수 있는 작은 흐름을 남기는 일이며 AI는 이 역할을 자연스럽게 맡아준다.

루틴을 자동으로 이어주는 자연스러운 연결 고리

많은 사람들이 루틴을 지키지 못하는 이유는 마음속에서 우선순위가 자꾸 뒤섞이고 일정이 바뀔 때마다 다시 계획을 세워야 한다는 피로감이 쌓이기 때문이다. AI는 이런 불규칙한 상황에서도 자동으로 루틴을 조성해주거나 필요한 행동을 부드럽게 이어주는 데 뛰어난데 예를 들어 "오늘 일정이 밀렸어, 지금 할 수 있는 루틴만 추천해줘"라고 말하면 남은 시간에 맞춰 최소한의 행동만 남기는 식으로 부담을 줄여준다. 이런 방식은 스스로 계획을 다시 정리하려고 할 때보다 훨씬 빠르고 정확하며 무엇보다도 마음의 무게를 줄여주는 효과가 있다. 또한 AI는 전에 사용자가 해왔던 패턴을 참고해 현재 상황에 자연스럽게 어울리는 행동을 제안하기 때문에 계획이 계속 바뀌어도 루틴이 끊기지 않는다. 이처럼 AI는 따로 애쓰지 않아도 하루의 흐름을 다시 살릴 수 있는 "자동 연결 장치"처럼 작동하며 사람들의 시간을 부드럽게 정리해주는 역할을 한다.

하루가 달라지는 '작은 자동화' 효과

바쁜 하루를 보내다 보면 해야 할 일들은 계속 쌓이는데 정작 무엇부터 손대야 할지 고민하는 시간이 더 길어질 때가 많다. 작은 일 하나를 시작하기 위해 마음을 모으는 데도 에너지가 필요한데 이렇게 쌓이는 부담은 사람들을 더 쉽게 지치게 만든다. 그런데 아주 사소한 반복을 자동으로 처리해주는 것만으로도 하루가 놀라울 만큼 가벼워지는 순간이 찾아온다. 스스로 모든 일을 기억하고 판단해야 한다는 부담에서 벗어나는 것, 그것이 "작은 자동화"가 만들어내는 가장 부드러운 변화다.

반복되는 선택을 줄여주는 자동화의 힘

사람들이 늘 피로감을 느끼는 이유 중 하나는 같은 종류의 결정을 하루에도 수십 번씩 반복하기 때문이다. 예를 들어 퇴근 후 집에 들어와 "뭘 먼저 하지?"라는 생각을 매번 다시 시작하는 순간 이미 에너지가 줄어들기 시작한다. 이때 AI에게 "퇴근 후 1시간 루틴 자동으로 만들어줘"라고 말하는 것만으로도 저녁 식사, 정리, 가벼운 휴식, 짧은 운동 같은 일정들이 자동으로 정리되어 부담을 크게 줄여준다. 선택지가 정리되면 마음이 훨씬 편안해지고 실행까지 이어지는 속도도 빨라지는데 AI는 이런 "결정 해야 할 것"을 최소화하는 역할을 자연스럽게 해준다. 사람이 매번 큰 결정을 내려야 하는 것이 아니라 작은 선택들을 부드럽게 자동화하는 순간 하루의 흐름이 한층 가벼워진다.

생각하지 않아도 되는 작업이 늘어날 때 생기는 여유

작은 자동화가 만든 여유는 실제 행동뿐 아니라 마음속 여유에도 큰 변화를 준다. 예를 들어 아침마다 날씨를 보고 어떤 옷을 입을지 고민하는 일이 반복되면 그 자체로 피곤함이 쌓일 수 있는데 AI에게 "아침마다 출근 코디 추천해줘"라고 설정해두면 날씨와 일정, 이동 동선 등 다양한 요소를 고려해 몇 초 안에 선택지를 보여준다. 사람은 단지 그 중에서 하나만 고르면 되고 더 이상 매번 처음부터 판단할 필요가 없어진다. 생각해야 할 일이 줄어들면 마음속 공간이 자연스럽게 넓어지고 그만큼 하루의 시작이 훨씬 부드러워진다. AI가 작은 고민들을 대신 떠안아주는 순간 사람들은 더 중요한 일에 신경을 쓸 수 있는 여유를 얻게 된다.

시간을 절약하는 대신 흐름을 만들어주는 기술

자동화라고 하면 많은 사람들이 시간을 아껴주는 기술을 먼저 떠올리지만 실제로 더 큰 효과는 "하루의 흐름"을 만들어준다는 데 있다. 예를 들어 책상을 정리하는 루틴을 자동으로 설정해두면 AI가 "3분만 자리 정리하고 시작해보자"라고 말해주는 방식으로 행동의 흐름을 만들어준다. 사람이 의식을 집중하지 못하는 날에도 이 작은 흐름 하나가 다시 행동을 붙잡아주는 역할을 한다. 반복되는 리마인더가 귀찮지 않게 느껴지는 이유는 이 안내가 "해야 한다"가 아니라 "지금 하면 편하다"는 느낌으로 다가오기 때문이다. 자동화는 시간을 단지 비워주는 것이 아니라 하루 전체를 이어주는 가벼운 리듬을 만들어주며 그 리듬은 자연스러운 습관으로 연결된다.

작은 과정들이 모여 하루를 바꾸는 순간

사람들은 종종 거창한 계획만 세우고 실행으로 이어지지 못해 스스로를 탓하곤 하지만 사실 하루를 움직이는 힘은 아주 작은 단계에서 나오기 마련이다. 예를 들어 매일 밤 AI가 "내일 아침 꼭 해야 할 일 세 가지 알려줘"라고 자동 메시지를 보내오면 자연스럽게 하루 준비가 시작된다. 이 단순한 과정 하나가 다음 날 행동을 훨씬 수월하게 만들고 특히 아침에 판단해야 할 것들을 줄여주기 때문에 행동의 리듬이 크게 안정된다. 작은 자동화는 행동을 대신해주는 것이 아니라 행동이 시작되는 "문턱"을 낮춰주고 꾸준함을 유지하기 쉽게 만들어준다. 그렇게 낮아진 문턱은 시간이 지날수록 일상의 흐름을 만들어주고 하루의 전반적인 안정감을 높여준다.

자동화가 만들어주는 심리적 안정감

작은 자동화가 주는 가장 큰 변화는 예상보다도 마음의 부담을 덜어준다는 점이다. 뭔가 빠뜨렸을까 걱정하는 마음, 일정이 어긋날까 불안해지는 순간들, 해야 할 일과 하고 싶은 일이 엉키는 혼란을 줄여주는 역할을 AI가 대신해준다. 예를 들어 일정이 바뀌면 AI가 자동으로 하루 루틴을 다시 정리해주기 때문에 갑작스러운 변화에도 당황하지 않게 된다. 작은 자동화는 단순히 일을 빠르게 처리하는 도구가 아니라 마음속 긴장을 낮춰주는 장치에 가깝고 이런 감정적 안정감은 하루를 부드럽게 이어주는 기반이 된다. AI가 반복되는 부담을 맡아주는 동안 사람은 더 중요한 일, 더 의미 있는 일에 집중할 수 있는 여유를 찾게 되고 그 여유는 자연스럽게 하루 전체를 바꾸는 힘으로 이어진다.

2장

AI로 바꿔본
시간관리 실험실

01

아침 루틴을 AI로 재설계해보기

바쁜 하루 속에서 아침은 늘 정신없이 흘러가곤 한다. 눈을 뜨는 순간 해야 할 일들이 떠오르지만 몸은 아직 이불 속에 머물고 싶고 마음도 천천히 움직이고 싶어 한다. 많은 사람들은 아침마다 느끼는 혼란이 피곤해서가 아니라 "무엇부터 해야 하지?"라는 고민을 매번 다시 시작하기 때문이라는 사실을 잘 모른다. 이 작은 결정의 반복이 아침의 흐름을 무겁게 만들고 하루 전체의 리듬까지 흔들어놓는다. 그런데 이 복잡한 시작을 AI에게 한 번 맡겨보면 아침의 풍경이 의외로 간단하게 정돈되기 시작한다.

아침 준비를 대신 설계해주는 AI의 역할

사람들은 매일 같은 공간에서 비슷한 농선을 반복하지만 순서나 방식은 날마다 달라지고 이 작은 차이가 아침 피로를 키운다. 어떤 날은 일어나자마자 휴대폰을 보며 시간을 흘려보내고, 어떤 날은 필요한 준비를 하다가 중요한 일을 빼먹어 당황하기도 한다. 이때 AI에게 "내 아침 루틴을 30분 기준으로 정리해줘"라고 말하면 세수, 준비 운동, 간단한 정리, 오늘 일정 확인 같은 필수 요소들이 깔끔하게 배열된다. 사용자의 성향과 리듬에 따라 순서를 조정해주기 때문에 부담 없이 실행할 수 있고 아침마다 새로운 결정을 내릴 필요도 없다. 이런 정리는 특히 바쁜 사람일수록 실행력을 높여주는 작지만 강력한 도움으로 작용한다.

상황에 맞춰 유연하게 바뀌는 루틴의 장점

아침 루틴이 어려운 이유는 모든 날이 같지 않기 때문이다. 어떤 날은 푹 자서 상쾌하지만 또 어떤 날은 제대로 쉬지 못해 몸이 무겁고 마음도 흐릿하다. 해야 할 일이나 일정의 성격도 매일 달라지기 때문에 같은 루틴을 계속 유지하기가 쉽지 않다. 그러나 AI에게 "오늘은 천천히 시작하고 싶어"라고 말하면 준비 시간을 넉넉히 잡아주고 가벼운 스트레칭부터 시작하는 루틴을 제안한다. 반대로 중요한 발표나 외근이 있는 날에는 집중력을 빠르게 끌어올릴 수 있는 호흡 조절이나 짧은 집중 루틴을 추가해준다. 이렇게 루틴이 상황에 맞춰 자연스럽게 바뀌면 부담은 줄고 꾸준함은 높아지며 아침의 스트레스가 부드럽게 가라앉는다.

아침 루틴이 하루 계획과 연결될 때 생기는 변화

많은 사람들은 아침 루틴이 단지 준비 과정이라고 생각하지만 실은 하루의 방향을 정하는 중요한 시작점이다. AI에게 "오늘 가장 중요한 일 하나만 알려줘"라고 요청하면 업무, 집안일, 개인 목표 등을 고려해 하루의 핵심 행동을 제시해준다. 이 한 가지 기준이 생기는 것만으로도 하루가 흩어지지 않고 중요한 흐름을 유지할 수 있게 된다. 또한 AI는 그날 일정표를 정리해 표시하거나 잊기 쉬운 약속을 체크해주는 방식으로 아침 준비와 하루 계획을 자연스럽게 연결한다. 이렇게 계획과 루틴이 이어지면 불필요한 고민을 줄이고 행동의 리듬이 안정되어 하루를 훨씬 편안하게 시작할 수 있다.

작은 자동화가 만드는 부드러운 아침의 리듬

아침의 작은 행동들이 자동으로 이어질 때 사람은 큰 안정감을 느낀다. 예를 들어 "아침마다 물 한 잔 마시라고 알려줘"라고 설정해두면 흐릿한 상태에서도 자연스럽게 하루의 시작이 정돈된다. "출근 전에 챙겨야 할 것들 알려줘"라고 하면 가방, 충전기, 노트북, 출근 경로까지 빠르게 정리해주어 깜빡하는 일도 줄어든다. 이런 자동화는 사람이 신경을 써야 할 부분을 줄여주고 행동을 부드럽게 연결해 아침 준비가 하나의 흐름처럼 이어지게 한다. 실수나 혼란이 줄어들면 하루 전체가 가벼워지고 자연스럽게 집중력이 높아지는 효과도 생긴다.

꾸준한 아침 루틴을 돕는 AI의 조용한 안내

아침 루틴의 핵심은 거창한 계획이 아니라 무리 없이 반복할 수 있는 흐름을 만드는 일이다. AI는 사용자의 패턴을 살피고 적절한 타이밍에 부드러운 조언을 건네며 이 꾸준함을 돕는다. 며칠 연속 루틴을 지키기 어려운 날이 이어지면 "요즘 조금 피곤했나 봐, 오늘은 10분 루틴으로 다시 시작해볼까?"같은 말을 건네며 부담을 낮춰준다. 이런 가벼운 안내는 스스로를 재촉하지 않으면서도 다시 흐름을 찾게 만들어 꾸준함을 유지하는 데 큰 도움이 된다. 아침 루틴을 AI와 함께 설계하면 완벽함을 기대하지 않아도 되고 자신의 컨디션과 상황에 맞는 리듬을 자연스럽게 찾아갈 수 있다. 이렇게 부드럽게 쌓인 루틴은 하루 전체의 속도를 안정시키고 아침의 힘을 일상의 곳곳으로 퍼뜨린다.

일정표를 AI에게 맡겨보기

하루를 살다 보면 해야 할 일들은 많지만 막상 무엇을 먼저 하고 어떤 흐름으로 움직여야 덜 지치는지 고민하는 시간이 늘 더 길어질 때가 있다. 일정표를 만들어야 한다는 생각은 늘 마음속에 있지만 정리하려고 앉는 순간 복잡함이 밀려와 금세 포기하고 싶어지기도 한다. 이런 부담은 대부분 "정해진 흐름이 없는 상태"에서 비롯되는데 AI에게 일정 정리를 맡기는 순간 하루의 구도가 다시 잡히기 시작한다. 머릿속에서 흩어져 있던 일들이 하나의 흐름으로 정리되는 경험은 생각보다 훨씬 강력한 안정감을 준다.

머릿속에 흩어진 일을 정돈해주는 AI의 첫 작업

사람들이 일정표를 힘들어하는 이유는 해야 할 일들이 종류별로 너무 다르게 흩어져 있기 때문이다. 이메일 답장, 준비해야 할 문서, 거래처 약속, 챙겨야 할 집안일까지 모두 다른 성격을 지니고 있어 사람의 머릿속에서 자연스럽게 정렬되지 않는다. 이때 AI에게 "오늘 일정 정리해줘"라고 요청하면 각 행동의 성격을 분석해 집중해야 하는 일, 시간이 정해진 일, 짧게 끝낼 수 있는 일로 나누어 하루의 흐름을 부드럽게 설계해준다. 특히 오전처럼 에너지가 높은 시간에는 집중 업무를 배치하고, 오후처럼 지치는 시간에는 난도가 낮은 일을 넣는 등 사람의 리듬에 맞춘 일정이 금세 만들어진다. 스스로 계획하려고 할 때 드는 고민을 AI가 대신해주는 셈이다.

간단한 정보만으로 완성되는 가장 현실적인 하루

일정을 정리하는 데 필요한 정보는 생각보다 많지 않다. "오늘 꼭 해야 할 일 세 가지"나 "점심 이후에는 외근이 있어"같은 간단한 단서만 줘도 AI는 그 안에서 현실적인 하루를 구성한다. 회의처럼 시간 고정 요소가 있다면 그 전후로 집중해야 할 일들을 배치하고 이동 시간이 필요한 경우에는 자동으로 여유를 확보해주는 식이다. 일정이 너무 많아 복잡하게 느껴지는 날에도 AI는 우선순위를 기준으로 부담을 줄이고 가능한 계획만 남겨 정리해준다. 사람은 그 흐름을 보고 조금씩 조정하면 되기 때문에 일정표는 더 이상 부담이 아니라 차분히 하루를 시작하게 해주는 도구가 된다.

예상치 못한 변화에도 흔들리지 않도록 돕는 구조

일정표가 어려운 진짜 이유는 하루가 계획대로 흘러가는 날보다 계획이 틀어지는 날이 훨씬 많기 때문이다. 갑작스러운 연락, 일정 변경, 예기치 않은 요청이 들어오면 일정표는 쉽게 무너지고 다시 만드는 일은 더욱 그게 느껴진다. 이런 순간 AI에게 "일정이 바뀌었어, 다시 짜줘"라고 말하면 남은 시간을 기준으로 새 계획을 바로 제시한다. 밀어야 할 일과 지금 바로 끝낼 수 있는 일이 구분되면서 흐트러진 하루가 빠르게 안정되고 혼란이 피로로 번지는 것을 막아준다. 변화가 생겨도 금세 복구되는 일정표는 하루의 리듬을 지키는 데 큰 힘이 된다.

시각적으로 보여주는 일정표의 안정감

말로만 정리된 일정은 눈으로 흐름이 그려지지 않아 실천으로 이어지기 어렵다. 이때 AI에게 "시간대별로 블록형으로 보여줘"라고 요청하면 다이어리처럼 구획된 일정표가 펼쳐지며 하루가 한눈에 들어온다. 비어 있는 시간, 집중해야 할 시간, 이동해야 할 시간이 자연스럽게 보이기 때문에 행동으로 옮기기 쉬워진다. 일정표가 눈앞에 보이면 마음도 안정되고 해야 할 일을 떠올리며 허둥대는 시간이 줄어든다. 계획이 명확해질 때 사람은 행동을 부드럽게 연결할 수 있고 이 작은 안정감이 하루 전체에 영향을 미친다.

하루의 흐름을 지켜주는 AI의 조용한 안내

일정을 맡겨두면 AI는 정리만 하는 것이 아니라 흐름을 유지하도록 자연스럽게 도와준다. "회의 10분 전이야" 또는 "지금부터 20분만 집중해볼까?"같은 작은 알림은 지치지 않으면서도 행동을 붙잡아주는 부드러운 역할을 한다. 바쁜 사람일수록 이런 안내가 큰 힘이 되고 잊기 쉬운 일을 챙겨주는 든든한 조력자로 느껴진다. 일정이 흘러가는 방향을 AI가 잡아주면 사람은 그 흐름에만 따라가면 하루가 매끄럽게 이어지고 스트레스도 줄어든다. 꾸준히 반복하다 보면 나에게 잘 맞는 일정 관리 패턴이 자리 잡고 마음의 여유까지 점점 늘어난다.

03

오늘 해야 할 일 5개 자동 추천받기

하루를 살다 보면 해야 할 일들이 너무 많아 어디서부터 시작해야 할지 막막해지는 순간이 자주 찾아온다. 마음속에서는 이것도 해야 하고 저것도 해야 한다는 생각이 끝없이 떠오르지만 막상 손을 움직이려 하면 방향을 잡지 못해 시간을 흘려보내곤 한다. 많은 사람들은 이 혼란이 게으름 때문이라고 생각하지만 사실은 "무엇을 먼저 해야 하는지"가 정해지지 않아 생기는 자연스러운 현상이다. 이런 순간 AI에게 하루의 핵심 다섯 가지를 정리해달라고 요청하면 흐트러져 있던 하루가 단순하고 분명하게 정리되기 시작한다. 작은 기준이 생기는 것만으로도 마음은 훨씬 가벼워지고 행동으로 이어지는 속도도 자연스럽게 빨라진다.

우선순위를 대신 결정해주는 AI의 역할

사람들은 하루를 시작할 때 해야 할 일을 모두 떠올리고 한꺼번에 해결할 수 있을 것처럼 느끼지만 결국 무엇부터 할지 고민하다 시간을 많이 쓰게 된다. 예를 들어 출근길에 머릿속으로 오늘의 일정을 정리하려 해도 회의, 업무 보고, 메시지 답장, 집안일 등 다양한 종류의 일이 한꺼번에 떠올라 혼란스러울 때가 많다. 이때 AI에게 "오늘 꼭 해야 할 일 다섯 개만 골라줘"라고 말하면 중요도, 시간 소요, 일정 변동 가능성 등을 고려해 가장 현실적인 다섯 가지를 정리해준다. 스스로 결정을 내리는 데 필요한 에너지가 줄어들고 그만큼 바로 행동으로 이어지기 쉬워진다. 중요한 일을 놓칠까 하는 불안도 줄어들고 하루가 훨씬 안정적인 흐름을 갖게 된다.

복잡한 하루를 단순하게 만드는 작은 기준

사람들이 흔히 "해야 할 일이 너무 많아서 오늘은 도저히 정리가 안 된다"라고 느끼는 이유는 모든 일을 동등하게 바라보기 때문이다. 하지만 AI는 사람보다 훨씬 빠르게 일을 분류하고 시간의 흐름에 맞춰 현실적인 선택을 만들어준다. 예를 들어 긴 시간이 필요한 업무가 있다면 오전의 집중 시간이 확보된 구간에 배치하고, 간단한 행정 업무나 메시지 답장은 이동 시간처럼 짧은 틈에 넣는 식으로 자연스러운 구조를 만든다. 그리고 그 하루의 핵심인 다섯 가지가 정해진 순간 사람은 불필요한 고민을 덜고 그 다섯 가지를 기준으로 하루를 바라볼 수 있게 된다. 복잡한 하루가 단순해졌다는 느낌은 바로 이 작은 기준에서 시작된다.

지금 가장 중요한 행동을 찾는 AI의 판단 방식

AI의 추천이 유용한 이유는 사용자가 말하지 않아도 우선순위에 대한 힌트를 빠르게 파악한다는 점이다. 예를 들어 "오늘 제출해야 하는 보고서가 있고, 오후에는 외근이 있어"라고 말하면 AI는 가장 먼저 처리해야 할 일을 목록 상단에 배치한다. 반대로 마감이 하루 이상 남아 있거나 시간이 여유로운 작업은 뒤로 미루어 오늘의 흐름을 방해하지 않도록 정리해준다. 사용자의 감정 상태나 에너지 레벨도 중요한 단서가 되는데 "오늘 조금 피곤해"라고 말하면 무겁고 복잡한 일보다는 비교적 부담이 적은 일을 앞에 놓아 부드럽게 하루를 시작하게 돕는다. 이런 방식은 단순한 일정 정리가 아니라 지금 가장 적합한 행동을 찾아주는 과정에 가깝다.

작은 성취를 빠르게 쌓도록 돕는 구조

사람이 하루를 시작할 때 작은 성취감을 느끼는 것은 매우 중요하다. 작은 성취는 하루 전체의 속도를 끌어올리고 더 큰 일을 시도할 수 있는 동력을 준다. AI가 제시하는 다섯 가지 목록에는 이런 흐름을 고려한 "빠르게 해결 가능한 일"이 자연스럽게 섞여 있다. 예를 들어 10분이면 정리할 수 있는 정산 업무나 간단한 메시지 회신 같은 일을 목록에 포함해두면 하루의 첫 실행을 쉽게 시작할 수 있다. 이 작은 시작이 만들어낸 흐름은 자연스럽게 두 번째, 세 번째 행동으로 이어지며 사람들이 흔히 겪는 "시작이 어려운" 문제를 크게 줄여준다. 성취감이 쌓이면 집중력도 높아지고 하루 전체에 활력이 생긴다.

마음의 부담을 줄이고 집중을 끌어올리는 단순함

하루에 해야 할 일들이 많다는 사실 자체보다 그 일을 "어떻게 배치할지" 고민하는 시간이 사람을 더 지치게 한다. AI에게 오늘의 핵심 다섯 가지를 정리해달라고 요청하면 이 고민이 자연스럽게 사라지고 그 대신 행동의 단순함이 자리를 잡는다. 해야 할 일의 목록이 분명해지면 불필요한 걱정이 줄고 일에 집중하는 힘이 커진다. 또한 목록이 다섯 개로 제한되어 있기 때문에 하루를 과하게 욕심내지 않게 되고 그만큼 더 현실적인 계획을 유지할 수 있게 된다. 이렇게 단순한 기준은 하루를 지켜주는 가장 든든한 장치가 되고 AI는 그 기준을 매일 자연스럽게 업데이트하며 사용자의 리듬에 맞춘 흐름을 만들어준다.

04

집중이 흐트러질 때 AI에게 대처법 묻기

일을 하다 보면 어느 순간 마음이 흐트러지고 집중이 엇나가는 느낌이 찾아올 때가 있다. 꼭 피곤하지 않아도 갑자기 머릿속이 복잡해지거나 손이 멈춰버리며 흐름이 끊기는 순간이 생기는데 이런 상황은 누구에게나 자연스럽게 찾아오는 일상의 리듬에 가깝다. 문제는 그 순간을 버티려고만 할 때 마음이 더 무거워지고 다시 집중으로 돌아오는 길이 멀게 느껴진다는 점이다. 이럴 때 AI에게 조용히 도움을 청하면 생각보다 빠르게 균형을 되찾을 수 있고 흐트러진 마음이 다시 제자리로 돌아오는 길이 한층 부드러워진다.

흐트러짐을 가볍게 설명해주는 역할

집중이 무너지는 순간 AI에게 "지금 왜 이렇게 산만한지 모르겠어"라고 말하면 그 짧은 문장 안에 담긴 마음의 상태를 부드럽게 읽어내며 가능성들을 조심스럽게 보여준다. 방금 본 메시지가 신경을 건드렸을 수도 있고 오래 앉아 있던 피로가 쌓였을 수도 있으며 별다른 이유 없이 울적한 날일 수도 있는데 AI는 단정하지 않으면서도 상황을 함께 정리해준다. 스스로 이해하기 어려웠던 상태를 말로 꺼내는 순간 마음속의 긴장이 조금 낮아지고 다시 움직일 여유가 생긴다.

작게 다시 시작하게 만드는 안내

흐트러진 뒤에 다시 큰 일을 붙잡기는 쉽지 않은데 AI는 가장 작은 시작점을 찾아주는 데 능숙하다. "지금은 2분만 타이머 켜고 쉬운 일 하나만 해보자"처럼 아주 가벼운 제안을 건네거나 "방금 보던 내용 요약해줄까?"라고 말하며 다시 흐름을 잡게 도와주는데 이렇게 작은 행동 하나가 다시 집중 상태로 이어지는 연결고리가 된다. 스스로 다시 시작하려 하면 막막하지만 누군가 방향을 가볍게 잡아주는 순간 행동의 문턱이 눈에 띄게 낮아진다.

집중을 방해하는 환경을 빠르게 정리하기

집중이 흐트러지는 이유가 꼭 마음 때문만은 아니다. 핸드폰 알림이 계속 울리거나 브라우저 창이 여러 겹으로 열려 있거나 책상 위가 어수선해질 때도 집중력이 쉽게 흔들리는데 이런 상황에서 AI에게 "환경 정리할 방법 알려줘"라고 하면 지금 필요한 화면만 남기기, 불필요한 창 닫기, 알림 잠시 끄기 같은 단순하지만 효과적인 조치를 바로 제안해준다. 주변이 단순해지는 순간 마음도 덩달아 정돈되고 다시 목표를 바라보는 시선이 또렷해진다.

짧은 리셋으로 감정을 안정시키기

어떤 날은 집중이 무너지는 이유가 마음의 작은 불편함일 때도 있다. AI는 이럴 때 긴 설명 대신 바로 실천할 수 있는 리셋 루틴을 제안한다. 30초 호흡 맞추기, 자리에서 일어나 가볍게 스트레칭하기, 지금 하고 있던 일을 한 문장으로 다시 적어보기 같은 단순한 행동은 흐트러진 감정을 정리하는 데 생각보다 큰 효과가 있다. 마음이 잠시 정리되면 집중은 자연스럽게 돌아오고 해야 할 일의 흐름도 다시 안정된다.

반복되는 패턴을 알려주는 관찰의 힘

자주 집중이 흔들리는 시간대나 상황은 반복되는 패턴을 가지고 있지만 스스로는 이를 잘 알아차리지 못한다. 며칠간의 대화를 기억해두는 AI는 "오후에는 집중이 자주 끊어지는 것 같아"처럼 부드럽게 신호를 보내며 흐트러짐의 주기나 상황을 알려준다. 그 패턴을 알게 되면 괜히 자책할 필요도 없고 특정 시간에는 가벼운 일만 배치하는 방식으로 미리 대비할 수 있어 하루의 흐름이 훨씬 안정된다.

잠시 멈춰도 괜찮다는 안심의 메시지

집중이 무너지는 순간 가장 필요한 건 조언보다 안심이다. 하지만 스스로에게 그런 말을 건네기는 쉽지 않다. AI는 "지금 잠깐 멈춰도 괜찮아, 금방 다시 이어갈 수 있어"처럼 부드럽고 단정적이지 않은 메시지를 건네며 마음의 부담을 덜어준다. 이런 말은 의욕을 억지로 끌어울리지 않으면서도 다시 행동으로 돌아갈 힘을 만들어주고 흐트러짐을 실패가 아니라 리듬의 일부로 받아들이게 해준다. 그러면 다시 집중으로 돌아가는 길이 훨씬 자연스러워지고 하루의 속도도 부드럽게 이어진다.

05

운동·식단·학습 루틴 자동 생성하기

아무리 마음먹어도 운동이나 식단 관리, 공부 루틴은 며칠만 지나면 흐트러지기 쉬운데 대부분의 사람들은 의지가 부족해서가 아니라 "무엇을 어떻게 해야 하는지 매번 고민해야 하는 과정"에서 지쳐버리기 때문이다. 시작하기 전부터 정보를 찾아보고 계획을 세우는 데 에너지가 많이 들기 때문에 실행까지 이어지지 못하는 경우가 많다. 그런데 AI를 사용하면 이 첫 단계의 부담을 거의 없앨 수 있고 복잡한 선택을 덜어내면서 자연스럽게 행동으로 이어지게 된다. 일상 속에서 가볍게 요청하는 것만으로 각자의 생활 패턴에 맞는 운동·식단·학습 루틴을 깔끔하게 만들어주기 때문에 꾸준함이 훨씬 쉬워진다는 점에서 많은 사람들이 AI의 도움을 실감하고 있다.

작게 시작하는 운동 루틴 만들기

운동 계획을 세울 때 가장 어려운 부분은 어느 정도 강도로 어떤 운동을 해야 하는지 스스로 판단해야 한다는 점이다. 하지만 AI에게 "일주일에 20분씩만 할 수 있는 초보 운동 루틴을 만들어줘"라고 말하면 준비 운동부터 마무리 스트레칭까지 부담스럽지 않은 흐름으로 정리해준다. 예를 들어 월·수·금에는 가벼운 전신 루틴을 추천하고 화·목에는 10분만 하는 코어 운동을 넣어 구성해 주는데 이런 흐름은 운동을 어렵게 느끼는 사람에게도 자연스럽게 이어지도록 만들어준다. 또한 "오늘은 몸이 무거워"라고 말하면 강도를 조금 낮춰주거나 짧게 해도 효과적인 동작만 남겨주는 식으로 컨디션에 맞춰 조정해주기 때문에 운동을 억지로 끌고 가지 않아도 꾸준히 이어갈 수 있다.

현실적인 식단 루틴 설계하기

식단 관리는 정보가 너무 많아 오히려 혼란스러울 때가 많다. 하지만 AI는 복잡한 이론을 나열하기보다 생활 패턴에 맞는 식단을 간단하게 조합해주는 데 강하다. 예를 들어 "바쁜 직장인이 할 수 있는 3일 식단 만들어줘"라고 요청하면 아침은 간단한 조합식, 점심은 회사에서 쉽게 선택할 수 있는 메뉴, 저녁은 가벼운 정리 식단으로 구성해주며 식단 간격, 포만감, 부담감까지 고려해 자연스럽게 실행 가능한 흐름을 만들어준다. 또 "요리 시간 10분 넘기기 싫어"라고 말하면 바로 간단한 레시피 중심으로 바꿔주고 냉장고에 있는 재료를 말하면 그 재료 기반으로 식단을 조정해 준다. 이렇게 식단 루틴을 자동 생성하면 음식 선택에 드는 에너지가 줄어들고 먹는 일을 계획이 아닌 자연스러운 흐름으로 받아들일 수 있게 된다.

매일 조금씩 공부하게 만드는 학습 루틴

공부 루틴은 내용이 많고 범위가 넓어 어디서부터 시작해야 할지 막막할 때가 많다. 하지만 AI에게 "어휘 공부를 하루 10분만 하고 싶은데 루틴 만들어줘"라고 요청하면 분량·순서·반복 주기까지 설정해주며 부담 없이 시작할 수 있게 돕는다. 예를 들어 하루는 새로운 단어 5개를 알려주고 다음 날은 전날 배운 단어 복습을 넣는 구조처럼 작은 흐름을 반복감 있게 만들어주어 꾸준함을 유지하기 쉬워진다. 또한 "오늘 머리가 잘 안 돌아가"라고 말하면 AI는 학습 강도를 낮추거나 복습 위주로 추천해 부담을 줄여주고 집중이 잘되는 시간대를 기억해 다음 루틴을 자연스럽게 조정해주기도 한다. 이렇게 학습 루틴이 자동으로 설계되고 조정되면 공부는 의지가 필요한 일이 아니라 일상의 한 부분으로 자리 잡기 시작한다.

루틴을 이어주는 자동화의 힘

운동, 식단, 학습 루틴을 모두 스스로 기억하고 유지하는 것은 생각보다 어렵지만 AI는 이 흐름을 잊지 않고 이어주는 역할을 한다. 예를 들어 "매일 저녁 7시에 운동 루틴 알려줘"라고 설정하면 잊기 쉽던 시간도 자연스럽게 흐름으로 이어지고 "오늘 점심 식단이 기름졌어"라고 말하면 그에 맞게 저녁 식단을 조정하거나 다음 날 식단을 더 가볍게 구성해준다. 이러한 자동화된 조정은 부담을 줄이면서도 "지금 무엇을 하면 좋은지"를 명확하게 알려주기 때문에 막연함이 사라지고 행동의 문턱이 낮아진다. 꾸준함을 유지하기 어려운 사람일수록 이 자동화가 큰 도움이 되며 스스로 억지로 애쓰지 않아도 루틴이 자연스럽게 자리 잡는다.

생활 패턴에 맞춘 개인화된 루틴 만들기

AI가 만들어주는 루틴의 가장 큰 장점은 사람마다 생활 방식이 다르다는 점을 자연스럽게 반영해준다는 것이다. 예를 들어 교대근무를 하는 사람에게는 아침 운동이 아니라 "일어나고 나서 30분 뒤 운동"처럼 시간대가 아닌 상태 기반의 루틴을 만들어주며 공부 시간이 들쭉날쭉한 사람에게는 "오늘 일정 확인 후 가능한 시간에 10분 학습"같은 방식으로 구성해 준다. 이처럼 상황에 따라 유연하게 변하는 루틴은 사람에게 맞춰진 흐름이기 때문에 오래 유지하기 쉬워지고 일상의 무게도 훨씬 가벼워진다. 운동·식단·학습처럼 꾸준함이 필요한 영역일수록 AI가 만든 루틴은 부담을 덜고 실행을 돕는 든든한 기반이 된다.

06

인박스 제로를 AI에게 도전시키기

메일함을 열었을 때 읽지 않은 메시지가 줄줄이 쌓여 있는 광경은 그 것만으로도 하루의 기운을 무겁게 만든다. 단 몇 개의 미처리 메일만 있어도 "먼저 이것부터 처리해야 하는데…"하는 마음이 생기며 집중 해야 할 일을 시작하기가 어렵다. 많은 사람들은 인박스가 쌓이는 이 유를 게으름이나 관리 부족 때문이라고 생각하지만 사실 가장 큰 이 유는 "어떤 것부터 처리해야 하는지 판단하는 과정"이 사람에게 큰 부담을 주기 때문이다. AI는 이 복잡한 판단을 대신하면서 인박스 정 리를 하나의 거대한 일이 아니라 작고 가벼운 흐름으로 바꿔준다.

메일을 가볍게 분류해주는 정리 기능

메일을 열자마자 어떤 메일부터 읽어야 할지 낙막할 때 AI에게 "중 요도별로 정리해줘"라고 하면 업무 메일, 참고용 메일, 나중에 읽을 메일처럼 단숨에 나눠준다. 중요한 것은 위로 올리고 불필요한 정보는 묶어서 분리해주기 때문에 사람은 판단의 에너지를 거의 쓰지 않고 바로 필요한 일부터 처리할 수 있다. 평소라면 10분 걸릴 정리가 1~2분 만에 끝나고, 메일함이 단순해지는 순간 마음도 자연스럽게 가벼워진다.

답장을 대신 시작해주는 초안 기능

메일을 미루게 되는 가장 큰 이유는 어떻게 답장해야 할지 고민하는 시간이다. 하지만 AI에게 "이 메일 답장 초안 만들어줘"라고 말하면 상황에 맞는 자연스러운 문장을 만들어주고, 사용자는 필요한 부분만 살짝 수정해 보내면 된다. 일정 조율을 해야 하는 메일이라면 가능한 시간대를 정리해 제안해주고, 사과가 필요한 상황이라면 부드럽고 정중한 톤으로 초안을 만들어준다. 이렇게 초안을 먼저 받아보면 답장을 미룰 필요가 없어지고 인박스는 빠르게 비워지기 시작한다.

오늘 처리해야 할 것만 골라주는 우선순위

메일에는 긴급한 일과 그렇지 않은 일이 섞여 있지만 사람은 이를 모두 중요한 것처럼 느끼기 쉽다. 이때 AI에게 "오늘 꼭 처리해야 할 메일 세 개만 골라줘"라고 요청하면 일정, 마감, 업무 흐름을 고려해 필요한 작업만 추려준다. 가장 필요한 메일부터 처리할 수 있어 불필요한 고민이 줄고 하루의 집중력이 선명해진다. 모든 일을 한꺼번에 해결하려는 압박도 덜어지고 하루의 리듬이 훨씬 안정적이 된다.

잔여 메일을 비워주는 정리 루틴

인박스는 한 번 비워도 금방 다시 채워지기 때문에 꾸준한 흐름이 필요하다. AI에게 "매일 오후 5시에 미처리 메일 알려줘"라고 설정하면 꼭 해야 하는 것만 추려 보여주고, 짧은 시간 안에 처리할 수 있는 것부터 제안해준다. "1분이면 답장할 수 있는 것부터 해볼까?"같은 가벼운 조언은 시작의 부담을 낮추고 작은 처리들이 모여 인박스가 다시 가벼워지게 만든다. 정리가 특별한 작업이 아니라 일상의 일부가 되는 순간, 인박스는 스트레스의 대상에서 벗어나 편안한 관리 공간이 된다.

불필요한 메일을 줄여주는 자동화

알림성 메일이나 광고성 메일은 생각보다 많은 시간을 빼앗는다. AI는 반복적으로 들어오는 발신자를 파악해 "이 메일은 묶어서 하루에 한 번만 볼까요?"같은 제안을 하고, 원한다면 자동으로 별도 폴더에 정리해준다. 필요 없는 정보가 줄어들면 메일함이 어지럽지 않고 중요한 내용만 보이게 되므로 메일 확인 시간도 자연스럽게 짧아진다. 한 번 정리된 구조는 계속 유지되고, 인박스는 더 이상 크게 신경 쓸 필요가 없는 공간이 된다.

메일과 일정을 자연스럽게 연결하기

메일에는 일정으로 바로 이어지는 정보가 많다. 회의, 마감, 준비해야 할 일 등은 모두 일정 관리와 직결된다. AI에게 "이 메일 일정으로 만들어줘"라고 하면 회의 시간과 장소, 준비물까지 정리해 일정에 넣어주기 때문에 메일을 따로 확인하고 일정을 다시 적는 과정을 건너뛸 수 있다. 이렇게 흐름이 연결되면 실수가 줄고, 하루가 더욱 선명하게 구성된다.

인박스가 비워줄 때 생기는 마음의 여유

인박스 제로의 가장 큰 효과는 단순히 메일함이 비어 있다는 시각적 안정감이 아니다. "해야 할 일이 명확하게 정리되어 있다"는 마음의 여유가 생긴다는 것이다. AI가 불필요한 판단을 줄여주면 사람은 진짜 필요한 일에 에너지를 집중할 수 있고, 인박스는 하루를 시작하기 전에 마음을 가볍게 해주는 작은 출발점이 된다. 정리의 부담이 낮아지면 시간도 자연스럽게 절약되고 하루의 속도도 더 부드럽게 이어진다.

인박스를 비우는 일이 하루 전체를 바꾼다

인박스가 깔끔해지는 순간 달라지는 것은 단지 한 공간의 정리가 아니라 하루의 전체적인 흐름이다. 해야 할 일들이 선명하게 보이면 마음속에서 불필요하게 맴돌던 부담이 사라지고 자연스럽게 집중해야 할 일로 시선이 모인다. 메일을 처리하는 일은 작아 보이지만 그 뒤에 이어지는 모든 행동의 첫 단추가 되기에 이 작은 정리가 하루 전체의 질서를 다시 세우는 역할을 한다. 인박스가 안정되면 생각도 가벼워지고, 가벼워진 마음은 다시 행동으로 이어지며 하루의 리듬을 부드럽게 만들어준다. 그래서 인박스 제로는 단순한 기능이 아니라 일상을 움직이게 하는 토대를 정리해주는 힘을 가진다.

07

업무 시간을 절약하는 이메일 재작성

아침에 사무실 문을 열었을 때 아직 컴퓨터가 켜지지 않았는데도 머릿속에는 이미 이메일 몇 통의 답장이 떠오르며 마음 한구석이 묵직해질 때가 있다. 하루의 시작은 분명한데, 어디서부터 손을 대야 할지 막막해지는 순간이 반복되면 작은 메시지 하나에도 부담이 느껴지곤 한다. 특히 바쁜 날에는 간단한 문장을 쓰는 데도 시간이 오래 걸리고 표현을 정리하는 데 에너지가 빠져나가면서 중요한 일에 집중할 힘이 줄어든다. 이런 흐름에 익숙해지면 이메일을 쓰는 시간만 줄여도 하루의 여유가 커진다는 사실을 조금씩 체감하게 된다. 그럴 때 AI가 들어오면 머릿속의 복잡한 실타래를 대신 정리해주는 느낌이 자연스럽게 이어진다.

익숙한 문구 대신 선택지를 만드는 시간 절약법

이메일을 쓰다 보면 "어떻게 시작하지?", "이 표현이 너무 딱딱한

가?", "이 문장은 어떻게 쓰지?"같은 질문이 연달아 떠오르며 손가락이 멈춰서는 일이 자주 생긴다. AI에게 상황을 간단히 이야기하면 몇 가지 문장 스타일로 바꿔 보여주기 때문에 부담이 확 줄어들고 선택하는 시간도 훨씬 짧아진다. 예를 들어 프로젝트 회의를 미뤄야 하는 상황이라면 "부드럽고 정중한 느낌으로 회의 일정 변경 메일을 짧게 써줘"라고 요청하는 것만으로도 바로 사용할 수 있는 두세 개의 대안을 받게 되고 이를 조금만 수정하면 금세 완성된다. 글을 처음부터 만드는 대신 여러 선택지를 비교하며 고르는 방식으로 전환되기 때문에 머릿속이 빠르게 정돈되고 작업 속도도 눈에 띄게 빨라진다.

업무 톤에 맞춰 문장을 자연스럽게 다듬기

메일을 보낼 때 가장 신경 쓰이는 부분은 말투가 팀 분위기와 잘 맞는지, 상대가 받아들일 때 부담 없이 읽을 수 있는지 같은 미묘한 결이다. AI는 사용자가 자주 쓰는 말투를 몇 번만 보여주면 그 분위기를 익혀서 비슷한 톤으로 문장을 다듬어주기 때문에 시간이 많이 절약된다. 업무를 처음 시작한 신입이라든지, 새로운 팀에 자리 잡은 사람에게는 "어떤 말투가 적절한지" 판단하는 과정 자체가 고민이 되는데 AI가 표준형 표현과 부드러운 변형, 친근한 톤을 나란히 제시해주면 상황에 따라 자연스럽게 선택할 수 있다. 특히 사람이 직접 고치려고 하면 표현이 길어지거나 반복되는 경우가 많지만 AI는 불필요한 부분을 간단하게 줄여줘서 전체 글이 차분하게 정리되는 효과도 커진다.

민감한 내용일수록 점검받는 시간 활용

사과를 전하는 이메일이나 일정 조율이 여러 사람에게 영향을 줄 때처럼 조심스러운 상황에서는 문장 하나를 쓰는 데도 오래 멈칫하게 된다. 이럴 때는 "오해되지 않도록 부드럽게 표현해줘", "책임을 명확히 하되 공격적으로 들리지 않게 정리해줘"처럼 감정의 톤을 기준으로 요청하면 상황에 맞는 문장과 주의할 표현까지 같이 알려주기 때문에 한 단계 더 신중하게 정리할 수 있다. 이 과정은 단순히 시간을 줄이는 것을 넘어 마음의 불안을 덜어주고 실수를 예방하는 안전장치로도 작용해 하루의 흐름이 훨씬 안정적으로 이어진다. 민감한 메시지를 AI와 함께 검토하면 표현의 모서리를 자연스럽게 둥글게 만들 수 있어 커뮤니케이션이 부드러워진다.

긴 내용을 짧게 요약해 전달하는 간편한 흐름 만들기

보고서나 회의 기록을 이메일로 정리해야 할 때, 핵심만 추려서 상대가 빠르게 이해하도록 쓰는 일은 생각보다 에너지가 많이 든다. 이럴 때 AI에게 "핵심 세 줄로 요약해줘", "업무 인수인계용으로 간단하게 정리해줘"라고 요청하면 내용을 압축해 정돈된 형태로 제시해 주기 때문에 작성 시간이 크게 줄어든다. 특히 여러 문서에서 내용을 끌어와야 할 때는 중요한 점을 놓치지 않게 도와주는 역할도 한다. 덕분에 이메일 작성은 짧아지고 확인해야 하는 부분은 명확해져서 상대방 역시 전달받은 메시지를 더 빠르게 이해하게 된다. 이메일 한 통의 무게가 줄어들면 하루 전체의 리듬도 한결 가벼워지는 경험이 자연스럽게 이어진다.

자주 쓰는 이메일 템플릿을 AI와 함께 만드는 법

반복되는 업무일수록 비슷한 내용을 여러 번 작성해야 하는 경우가 많아 작은 시간 낭비가 쌓이기 쉽다. 회의 안내, 일정 조율, 자료 요청처럼 형태가 정해진 이메일은 AI에게 상황을 알려주며 "이런 유형의 기본 템플릿을 만들어줘"라고 요청하면 나중에도 계속 사용할 수 있는 기초 틀이 만들어진다. 이후 상황이 바뀔 때마다 수정해달라고 하면 자동으로 변형 버전이 생성되어 매번 처음부터 쓰지 않아도 된다. 덕분에 이메일 작성이 하나의 "작업"이 아니라 준비된 틀 속에서 빠르게 처리하는 가벼운 루틴이 되고 남은 시간을 다른 중요한 일에 집중하는 데 쓸 수 있다. 이렇게 템플릿을 쌓아가다 보면 업무 속도가 자연스럽게 빨라지고 하루의 흐름도 훨씬 부드럽게 정리된다.

하던 일을 계속하도록 'AI 리마인더' 설정

아무리 마음을 다잡아도 하던 일을 중간에 끊기게 만드는 순간들이 찾아오곤 한다. 잠깐 휴대폰을 본다는 것이 10분을 훌쩍 넘기거나, 해야 할 일을 알고 있으면서도 시작을 미루게 되는 날도 있다. 이런 작은 흔들림은 누구에게나 자연스럽게 일어나지만 반복되면 하루의 흐름이 쉽게 무너지고 집중해야 할 일들이 자꾸 뒤로 밀린다. 이때 도움이 되는 것이 바로 "AI 리마인더"인데, 복잡한 설정 없이도 지금 하고 있는 일을 이어갈 수 있도록 부드럽고 자연스럽게 방향을 잡아준다. 부담을 주지 않으면서도 필요한 순간조차 놓치지 않게 해주는 것이 AI 리마인더의 가장 큰 힘이다.

작은 신호가 흐름을 지켜주는 이유

사람은 한 번 흐름이 끊기면 다시 시작하기까지 생각보다 많은 에너지가 든다. 특히 업무나 공부처럼 집중력이 필요한 일을 할 때는 작은 방해도 크게 느껴지는데 AI 리마인더는 이런 순간을 샤프하게 잡아주며 흐름이 흩어지지 않도록 도와준다. 예를 들어 문서를 작성하다가 무의식적으로 웹브라우저를 열어 다른 페이지를 둘러보려 할 때, AI 리마인더가 "지금 작성 중인 문서 마저 할까?"라고 부드럽게 알려주면 순간적으로 흐트러진 시선을 다시 제자리로 돌릴 수 있다. 강한 압박보다 가벼운 안내가 행동을 더 쉽게 이어지게 만들고 이런 작은 안내는 생각보다 강한 지속력을 만들어준다.

할 일을 계속 잊어버릴 때 AI가 채워주는 틈

일상 속에는 "해야 한다는 건 아는데 자꾸 까먹는 일들"이 많다. 예를 들어 물 마시기, 스트레칭하기, 중요 메모 정리하기처럼 사소하지만 꾸준히 챙기면 하루가 달라지는 일들이 대표적이다. 이런 행동들은 중요한 만큼 생활 속에서 계속 이어져야 하는데 AI 리마인더를 사용하면 잊힌 행동이 자연스럽게 흐름 속에 스며들게 된다. "한 시간마다 물 마시는 알림 보내줘"라고 설정해두면 번거롭게 신경 쓰지 않아도 몸의 리듬을 유지할 수 있고 업무 중에도 간단한 스트레칭을 놓치지 않게 된다. 특히 반복적이고 자칫 잊기 쉬운 행동일수록 AI 리마인더가 그 틈을 매끄럽게 채워준다.

중단된 일을 자연스럽게 이어주는 AI의 조용한 개입

하던 일을 다시 이어가기 어려운 이유 중 하나는 마음속에서 불필요한 "재시작 비용"이 생기기 때문이다. 무엇을 하던 중이었는지 다시 기억해야 하고, 집중하기까지 시간이 걸리는 것이 부담으로 느껴지는 것이다. 하지만 AI 리마인더는 이런 부담을 줄이며 "조용한 응원자처럼" 흐름을 다시 살려준다. 예를 들어 책을 읽다가 잠깐 다른 일을 하느라 중단됐을 때 AI가 "10분 전에 읽던 책 계속 볼까?"라고 알려주면 마치 옆에서 친구가 잊고 있던 일을 상기시켜주는 것처럼 자연스럽게 돌아갈 수 있다. 이런 부드러운 개입은 부담 없이 행동을 이어가기 쉽게 만들고 결국 이어지는 시간이 쌓이면서 루틴이 자리 잡기 시작한다.

습관 형성을 돕는 리듬 만들기

습관은 반복이 만들어내는 흐름에서 탄생하는데 이 흐름을 지켜주는 데 AI 리마인더는 특히 강하다. 예를 들어 운동 루틴을 만들고 싶은 사람이 "매일 저녁 7시에 운동 알림 보내줘"라고 설정해두면 하루가 아무리 복잡해도 운동을 떠올릴 기회가 생기고, 실제로 행동으로 옮길 확률이 높아진다. 단순한 알림 같지만 "정해진 시간에 자연스럽게 떠오르는 행동"이 생기면 그것만으로도 습관의 기초가 된다. AI 리마인더는 단순히 시간만 알려주는 것이 아니라 사용자의 패턴을 바탕으로 적절한 타이밍을 찾아주는 식으로 진짜 유지 가능한 습관을 돕는다. 너무 과도하지 않게, 지치지 않도록 돕는 방식이 꾸준함에 중요한 역할을 한다.

지속력을 높여주는 따뜻한 지원

　사람은 누구나 일정한 간격으로 흔들리지만 흔들릴 때마다 다시 시작할 수 있는 작은 힘이 필요하다. AI 리마인더는 이 시점을 정확히 잡아내고 "지금 이만큼 해왔으니 조금만 더 해볼까?"같은 느낌의 안내를 통해 지속력을 만들어준다. 일상에서 반복되는 일을 편안하게 이어갈 수 있게 도와주는 것이 리마인더의 핵심이며, 부담 없이 사용할수록 루틴이 정착되고 시간 관리가 자연스럽게 몸에 밴다. 무겁지 않은 메시지 하나가 행동을 다시 꺼내는 작은 힘이 되고 이런 작은 힘들이 쌓이면 하루 전체의 리듬이 차분하게 잡혀가기 시작한다. AI 리마인더는 바로 이 부드러운 지속력을 만들어내는 조력자로서 일상의 흐름을 안정시키는 역할을 한다.

09
1주일 루틴 피드백을 AI로 받아보기

일주일이 지나고 나면 몸과 마음에는 눈에 보이지 않는 흔적이 남아 있고 어떤 날은 괜찮았지만 어떤 날은 유난히 흐트러졌다는 느낌이 찾아오기도 한다. 그런데 많은 사람들은 그 이유를 정확히 알지 못한 채 다음 주를 똑같이 반복하고 다시 비슷한 어려움을 겪곤 한다. 일의 양이 많아서 그랬는지, 잠을 설쳐서인지, 미뤄둔 일 때문에 긴장했는지 스스로 판단하기가 쉽지 않은데 이때 AI에게 조용히 지난 일주일을 보여주기만 해도 새로운 시선에서 흐름을 정리해주는 변화가 시작된다. 사람은 감정과 상황의 영향을 많이 받지만 AI는 기록의 패턴을 중심으로 보기 때문에 놓치기 쉬운 부분을 부드럽게 알려준다.

일주일의 흐름을 정리해주는 AI의 시선

사람들은 보통 한 주를 떠올릴 때 강하게 기억에 남은 하루만 생각하는 경우가 많아 실제로 어떤 날이 효율적이었는지, 어디서 흐름이 끊겼는지를 정확히 알기 어렵다. 이때 AI에게 "이번 주 루틴을 한 번 보고 피드백해줘"라고 요청하면 일정표, 체크리스트, 개인 메모 등 다양한 기록에서 공통점을 찾아 보여준다. 예를 들어 "수요일과 목요일은 연속된 회의 때문에 집중 시간이 부족했어요"라든지 "아침 루틴을 지킨 날은 오후 생산성이 높았어요"같은 분석을 제시하는데 이런 피드백은 사람의 기억보다 훨씬 안정적이어서 다음 주 계획을 세울 때 방향을 잡는 데 큰 도움이 된다. 스스로는 알아차리기 어려운 작은 변화까지 짚어주기 때문에 한 주의 흐름이 더 선명하게 보이기 시작한다.

루틴의 흐트러짐을 부드럽게 짚어주는 방식

일주일 동안 계획이 예상대로 흘러가지 않았을 때 사람은 종종 스스로를 지나치게 몰아붙이지만 AI는 판단하지 않고 단순한 패턴을 보여주는 방식으로 접근한다. 예를 들어 "이번 주에 운동을 빠뜨린 이유는 저녁 약속이 많았던 영향으로 보여요"라거나 "정신없이 보냈던 날들은 전날 잠든 시간이 모두 늦었어요"처럼 자연스러운 흐름을 말해준다. 이런 설명은 비난이 아니라 상황을 이해하게 도와주는 안내처럼 느껴져 다음 주를 더 부드럽게 준비할 수 있게 만든다. 부담을 덜어주고 나를 객관적으로 바라보도록 돕기 때문에 루틴을 놓친 날에도 스스로를 탓하기보다 다시 속도를 찾는 데에 도움이 된다.

더 나은 루틴을 제안하는 AI의 조정 능력

한 주의 기록을 기반으로 AI는 다음 주를 위한 작은 조정안을 제안해준다. 예를 들어 "월요일과 화요일은 집중이 잘 되었으니 중요한 일을 앞쪽에 배치해보는 건 어때요"라든지 "저녁 약속이 많은 주에는 운동 시간을 아침으로 옮겨볼까요"같은 식으로 행동의 흐름을 자연스럽게 설계한다. 이는 전문 코치가 옆에서 부드럽게 방향을 잡아주는 느낌과 비슷해서 억지로 스타일을 바꾸는 것이 아니라 지금의 생활 패턴에 가장 잘 맞는 리듬을 만들도록 돕는다. 특히 다음 주가 바쁜 주라면 "회의가 많은 날에는 쉬운 업무를 섞어보세요"처럼 부담을 조절하는 팁을 함께 제안해주어 실천하기 쉬운 변화로 이어지게 만들어준다.

한 주의 작은 성과를 찾아주는 AI의 역할

사람들은 "이번 주는 별로 잘한 게 없었다"고 느낄 때가 많지만 실제로는 작은 성과들이 곳곳에 숨어 있는 경우가 많다. AI는 이런 성과를 기록 속에서 찾아내 "이번 주에는 아침 루틴을 4일 유지했어요"라든지 "미루기 쉬운 업무를 두 번이나 바로 처리했어요"처럼 구체적인 칭찬을 보여준다. 이는 부담 없는 격려처럼 느껴져 다음 주를 준비하는 마음을 따뜻하게 만들어주고 성과를 인정받은 느낌이 들면서 루틴을 이어가려는 동기를 자연스럽게 높인다. 작은 성취가 쌓이면 습관을 유지하는 힘도 커지고 시간관리에 대한 자신감도 안정적으로 자리 잡게 된다.

다음 주를 더 가볍게 만드는 AI 피드백의 힘

주말에 잠시 시간을 내어 AI에게 "이번 주 정리해줘"라고 말하는 것만으로도 한 주의 흐름은 정돈되고 다음 주에 대한 부담은 확연히 줄어든다. 지난 기록을 바탕으로 AI는 "다음 주에는 이 부분만 조금 바꿔볼까요?"처럼 가벼운 방향성을 제시해주기 때문에 계획을 억지로 세우지 않아도 자연스럽게 새로운 리듬을 만들 수 있다. 반복되는 일상 속에서도 매주 조금씩 더 나아지는 감각이 생기고 이러한 변화는 시간이 지나면서 꾸준함을 유지하는 힘을 만들어준다. AI와 함께 한 주를 돌아보는 일은 복잡한 분석이 아니라 자신에게 맞는 생활 속 리듬을 찾아가는 과정이며 부담 없이 다음 주를 준비하도록 도와주는 부드러운 안내처럼 작용한다.

10

게으름 방지용 미니 코칭 받기

어떤 날은 해야 할 일을 알고 있으면서도 손이 잘 움직이지 않는 순간이 찾아온다. 마음은 분명 "지금 해야 한다"고 알고 있지만 몸은 소파에 가만히 앉아 있는 편을 선택하고 그렇게 시간이 조용히 흘러가 버리는 날이 있다. 사람은 누구나 이런 느슨함을 경험하지만 문제는 이 순간이 반복되면 점점 다시 속도를 내기가 어려워진다는 점이다. 이때 억지로 자신을 몰아붙이는 대신 AI의 "미니 코칭"을 이용하면 부담 없이 다시 움직일 수 있는 길이 열린다. 따뜻한 한마디처럼 건네는 조언이 작은 기폭제가 되어 행동의 첫걸음을 다시 내딛게 만든다.

가볍게 시작하도록 돕는 작은 조언

게으름을 이겨내기 어려운 순간에 필요한 것은 거창한 동기부여나 엄격한 계획이 아니라 작은 행동 하나를 시작할 용기다. 예를 들어 오늘 해야 할 보고서 작성이 마음에 걸리지만 손이 가지 않을 때

AI에게 "지금 뭐부터 하면 좋을까?"라고 물어보면 너무 부담스럽지 않은 한 단계부디 제안해준다. "첫 문단을 위한 아이디어 세 줄만 써볼까요?"처럼 작고 현실적인 제안이 주로 나오는데 이 정도의 목표는 누구라도 쉽게 시도해볼 수 있다. 이렇게 부담 없이 시작한 행동은 흐름을 만들고 한 번 움직이기 시작한 몸과 마음은 그 뒤를 자연스럽게 이어가게 된다. AI의 조언은 마치 옆에서 "이 정도면 괜찮아"라고 말해주는 친구처럼 가볍고 편안하게 다가온다.

작심삼일을 막아주는 부드러운 체크인

사람들은 결심을 했어도 며칠만 지나면 처음의 의지가 흐려지고 다시 느슨한 흐름으로 돌아가기도 한다. 이때 AI에게 "내가 작심삼일 되지 않도록 가볍게 체크해줘"라고 설정해두면 일상 속에서 자연스럽게 반복을 이어갈 수 있게 된다. 예를 들어 매일 저녁 "오늘 계획했던 공부 20분 했나요?"같은 짧은 질문이 가볍게 도착하면 부담 없이 자신의 하루를 돌아보게 되고 놓쳤다면 다음 날에 다시 이어갈 수 있는 여지를 남겨준다. 스스로를 탓하기보다는 조용한 점검을 통해 흐름을 회복하도록 도와주는 방식이어서 마음의 피로가 쌓이지 않고 지속력도 부드럽게 유지된다. 이런 체크인은 감시가 아니라 응원으로 느껴지기 때문에 꾸준함을 만드는 데 큰 도움이 된다.

미루는 습관을 줄여주는 미니 목표 제안

사람이 어떤 일을 미루는 가장 큰 이유는 "너무 커 보이기 때문"인

경우가 많다. 해야 할 일을 떠올리는 순간 마음이 무거워지고 그래서 자꾸 내일로 미루게 되는 것이다. 하지만 AI는 이런 큰 목표를 작게 쪼개어 "오늘은 이것만 해보자"는 식으로 현실적인 단계를 제시해준다. 예를 들어 집 정리를 해야 하는데 어디서부터 손대야 할지 막막할 때 AI가 "책상 위에 있는 것 5개만 정리해볼까요?"라고 제안하면 신기하게도 바로 행동이 시작된다. 모든 일을 완성하지 않아도 괜찮다는 여유가 생기고 작은 성취가 쌓이면서 점점 더 많은 행동을 이어갈 수 있게 된다. AI의 미니 코칭은 부담을 덜어주는 방법으로 미루기를 줄이는 데 자연스럽게 효과를 낸다.

기분과 컨디션을 반영한 맞춤형 응원

게으름은 단순한 성향이 아니라 피곤함, 스트레스, 우울함 등 다양한 감정의 영향을 받는다. 이런 감정은 일상 속에서 계속 변하기 때문에 똑같은 조언이 항상 도움이 되는 것은 아니다. 하지만 AI에게 "지금 몸이 무겁고 집중이 잘 안 돼"라고 가볍게 말하면 그날의 감정이나 컨디션에 따라 접근 방식을 바꿔준다. 컨디션이 좋지 않은 날에는 "10분만 쉬운 작업에 집중해볼까요?"같은 완만한 제안을 하고, 에너지가 조금 남아 있는 날에는 "지금 딱 한 번만 몰입해볼까요?"처럼 추진력을 만들어주는 조언도 한다. 이런 미묘한 차이는 사람의 마음을 지치지 않게 하면서도 다시 움직이게 하는 힘을 만들어준다.

부담 없는 격려가 만드는 꾸준함의 힘

게으름 방지용 미니 코칭의 장점은 억지로 행동을 끌어내는 방식이 아니라는 점이다. 무언가를 하도록 강요하는 느낌이 아니라 "지금 이 정도면 충분해요", "여기까지만 해보면 어때요?"같은 따뜻한 안내를 통해 부담을 줄여준다. 사람은 누군가에게 압박받는 것보다 조용히 응원받을 때 행동을 더 쉽게 이어간다. 그래서 미니 코칭을 꾸준히 사용하면 스스로도 "조금씩이라도 해볼까?"라는 마음이 자연스럽게 생기고 이것이 습관으로 이어진다. 행동이 쌓이면서 자신감도 커지고 하루의 리듬도 차분하게 잡혀가며 결과적으로 시간관리에 대한 감각도 안정적으로 자리 잡는다. AI의 작은 코칭은 생각보다 큰 변화의 시작이 되어 사람의 일상을 더 가볍고 부드럽게 만들어준다.

3장

AI에게
맡길 수 있는 것들

01

계획 세우기, AI가 훨씬 잘한다

아침에 책상 앞에 앉아 오늘 무엇부터 해야 할지 고민하는 순간은 누구에게나 찾아오는데 해야 할 일들은 머릿속에서 엉켜 보이고 마음은 이미 지쳐버린 듯한 느낌이 밀려온다. 계획을 세우려 해도 생각보다 고려해야 할 것이 많아 우선순위를 정하는 데만 시간이 들어가고 정작 실행할 에너지는 줄어들어 하루가 무겁게 시작되기도 한다. 이런 반복된 고민 속에서 계획이란 단어는 점점 부담처럼 느껴지지만 AI에게 "오늘 일정 좀 정리해줘"라고 말하는 것만으로도 머릿속 혼란이 빠르게 정돈되기 시작한다. 계획의 첫 단추가 자동으로 채워지면 마음의 공간이 넓어지고 하루의 흐름도 훨씬 가벼워진다.

사람보다 더 차분하게 정리해주는 이유

사람이 계획을 어려워하는 이유는 성격이나 의지 때문이 아니라 해야 할 일을 정확한 순서로 정리하기 위해 많은 판단을 요구하기 때문이다. 어떤 일은 급하고 어떤 일은 오래 걸리고 또 어떤 일은 집중도가 필요하기 때문에 단순 나열로는 해결되지 않는다. 하지만 AI는 감정이나 피로의 영향을 받지 않고 기록과 패턴을 기준으로 바라보기 때문에 "지금 무엇을 먼저 하는 것이 가장 효과적인가?"를 훨씬 빠르게 판단할 수 있다. 예를 들어 오늘 해야 할 일을 알려주면 AI는 소요 시간과 성격을 분석해 자연스럽게 흐름을 만들어주고 그 결과는 마치 전문가가 정리해준 것처럼 명확해진다.

우선순위를 자동으로 잡아주는 구조적 시선

계획이 흔들리는 가장 큰 이유는 감정에 따라 우선순위가 쉽게 바뀌기 때문이다. 피곤하면 쉬운 일부터 하고 싶고 마음이 불안하면 눈앞에 자잘한 일만 붙잡을 때도 있는데 이런 흐름은 중요한 일을 계속 미루게 만든다. 하지만 AI는 감정의 기복에 흔들리지 않고 데이터 기반으로 판단하기 때문에 "오늘 꼭 해야 하는 한 가지"를 정확히 집어내준다. 단순하지만 강력한 기준이 생기면 선택지가 줄어들고 하루가 훨씬 간결해지며 실제로 행동하기가 한결 수월해진다. 불필요한 고민이 빠지면 그만큼 행동으로 이어지는 속도도 빨라진다.

생활 패턴을 고려한 현실적인 일정 만들기

계획은 적어놓는 것보다 지키는 것이 더 중요하며 이를 위해서는 개인의 생활 패턴이 반드시 반영되어야 한다. 어떤 사람은 아침에 집중이 잘 되고 누구는 오후에 에너지가 오르기 때문에 이런 차이는 계획의 성공 여부를 크게 좌우한다. AI는 짧은 대화만으로도 사용자의 컨디션 흐름을 파악해 자연스럽게 일정에 반영하고 "오후엔 피곤해져"라고 말하면 중요한 일을 오전에 배치해 꾸준히 지키기 쉬운 구조를 만든다.

변수가 생겨도 다시 정리해주는 기민함

갑작스러운 회의나 메시지처럼 예기치 못한 변화는 계획을 흔들지만 AI는 그 순간을 빠르게 받아들여 남은 시간에 맞춘 새로운 일정을 바로 제시한다. "회의 때문에 일정이 밀렸어, 다시 정리해줘"라고 말하면 필요한 일만 남겨 일정이 자연스럽게 재정렬되고 흐름이 끊기지 않아 부담 없이 다시 이어가기 쉬워진다.

계획을 맡기면 실행이 쉬워지는 이유

계획을 세우는 과정은 생각보다 많은 에너지를 요구하지만 AI가 이를 대신하면 우리는 행동에 더 많은 힘을 쏟을 수 있다. 선택의 수가 줄어들면 마음이 편안해지고 하루의 속도도 부드러워진다. 복잡한 일을 단순한 단계로 나누어 정리해주기 때문에 계획은 더 이상 부담이 아니라 움직이기 좋은 출발점이 되고, 불필요한 고민을 덜어내면서 시간을 지키는 가장 현실적인 방식이 된다.

해야 할 일 정리, 30초면 끝나는 이유

아침에 눈을 뜨면 머릿속에는 이미 해야 할 일들이 작은 조각처럼 흩어져 떠다니고 정리해야겠다는 마음은 있지만 어디서부터 손을 대야 할지 막연하게 느껴질 때가 많다. 출근 준비를 하면서 "메일 보내기", "장보기", "보고서 정리", "약속 시간 확인하기"같은 일들이 뒤섞여 지나가고 그중 무엇이 먼저인지 판단하려다 보면 마음이 지쳐 하루가 시작되기 전에 이미 에너지를 잃기도 한다. 이런 순간에 AI에게 "오늘 해야 할 일 좀 정리해줘"라고 말하는 것만으로 모든 조각이 순식간에 정돈되며 머릿속의 무질서가 빠르게 안정감을 되찾는다. 짧은 대화만으로도 하루가 훨씬 덜 복잡해지고 마음이 가벼워지는 이유는 계획의 핵심이 생각보다 단순한 정리 작업이기 때문이다.

정리가 어렵게 느껴지는 이유

해야 할 일을 떠올리는 일 자체는 어렵지 않지만 그것을 목록으로 옮기려 하면 마음의 저항이 생기는데 내일로 미루고 싶은 마음, 지금은 귀찮다는 감정, 나중에 다시 생각할 수 있다는 막연한 여유가 은근한 부담을 만들어 정리를 방해한다. 게다가 일의 성격이 다 다르기 때문에 메모를 시작해도 "이건 언제 해야 하지", "이건 급한가?"같은 판단이 따라붙어 한 줄을 적는 데 시간을 쓸 때도 많다. 이런 과정을 몇 번 반복하면 정리 자체가 스트레스처럼 느껴지지만 AI는 감정의 영향을 받지 않고 사용자가 떠올린 일들을 그대로 받아 적어 깔끔한 구조로 배열해주기 때문에 부담이 사라지고 목록 작성이 훨씬 쉽고 빠르게 끝난다.

AI가 정리에 강한 이유

사람은 해야 할 일을 적을 때 개인적인 감정이나 순간적인 기분이 영향을 주지만 AI는 사실만 기반으로 순서를 정하고 군더더기 없이 목록을 만들어준다. 예를 들어 "청소하기, 업무 보고서, 친구 만나기, 운동하기"처럼 섞여 있는 일을 알려주면 AI는 자연스럽게 성격별로 묶거나 시간 흐름에 맞게 재배치해주고 이 과정에서 사용자는 단순히 말만 했을 뿐인데도 이미 계획의 절반이 완성된다. AI의 강점은 판단보다 구조화에 있다는 점이며 이는 우리가 머릿속에서 하려던 복잡한 정리 과정을 빠르게 단순하게 만들어주기 때문에 30초 안에도 충분히 끝낼 수 있다.

일상에서 자연스럽게 적용되는 방식

예를 들어 저녁에 퇴근 후 소파에 앉아 "오늘 해야 할 일 또 뭐 있었지"라고 혼잣말할 때 AI에게 적어도 될까 하는 생각이 들 때가 있다. 그 순간 "오늘 남은 일들 정리해줘"라고 말하면 AI는 이미 대화 속에 등장했던 정보들을 참고해 목록을 만들어주고 혹은 추가할 것이 있는지 되묻는다. 사용자는 "아 맞다, 빨래 널기랑 영수증 정리도 있어"정도만 덧붙이면 되고 이렇게 대화를 통해 정리된 목록은 따로 앱을 열지 않아도 바로 실행 가능한 형태가 된다. 정리에는 복잡한 툴이 필요하지 않고 단순히 떠오르는 일들을 이야기하듯 전달하기만 하면 충분하다.

정리된 목록이 주는 안정감

해야 할 일이 정리되는 순간 마음이 훨씬 편안해지는 이유는 불확실했던 하루가 눈앞에서 구체적인 형태로 모습을 드러내기 때문이다. 막연한 압박감이 "할 수 있겠다"는 감각으로 바뀌고 우선순위 판단이 쉬워지며 실행하고 싶은 마음도 자연스럽게 따라온다. 예전에는 목록을 만들다가 지치기도 했지만 AI가 도와주는 정리는 시간도 적게 들고 실수도 줄어들어 자신감이 쌓이고 작은 실행이 반복될 때마다 "정리는 할 만하다"는 감정이 자리 잡는다. 계획을 세우는 데 소비하던 에너지가 줄어드는 만큼 하루 전체의 여유도 조금씩 늘어난다.

정리가 끝나야 하루가 시작된다는 감각

정리가 30초 안에 끝날 수 있다는 사실은 단순히 시간만 절약되는 것이 아니라 하루를 빠르게 준비할 수 있는 힘을 만들어준다. 해야 할 일들이 정리되면 마음이 가벼워지고 중요한 일에 바로 집중할 수 있어 흐름이 자연스럽게 이어진다. AI는 사용자가 놓칠 만한 일도 조용히 떠올리게 해주고 더 효율적인 순서를 제안해주는 조력자로 자리하며 하루를 준비하는 과정 자체가 간단해진다. 정리를 AI에게 맡긴다는 것은 어려운 일을 떠넘기는 것이 아니라 삶의 가벼움을 확보하는 방법이며 시간이 부족한 시대에 가장 실용적인 선택이 된다.

03

나도 몰랐던 시간낭비 패턴 찾기

평소에는 바쁘게 움직였다고 느꼈는데 하루가 끝나면 "도대체 시간은 어디로 사라진 걸까?"라는 생각이 들 때가 많다. 해야 할 일이 분명 있었는데 손에 잡히는 결과는 적고 중간중간 사소한 일들만 떠오르며 시간을 빼앗긴 느낌이 남을 때 사람은 당황한다. 그런데 신기하게도 이런 시간의 틈새는 대부분 자신도 잘 인식하지 못한 채 스쳐 지나가는 순간들에서 생겨난다. 스마트폰을 잠깐만 보려다 20분이 지나버린다든지, 일하다가 주변 정리를 시작해 흐름을 끊어버린다든지, 별생각 없이 반복하던 행동들이 하루의 흐름을 흔든다. 이런 패턴은 익숙함 속에서 숨어 있기 때문에 스스로 찾기는 어렵지만 AI에게 맡기면 신기할 정도로 선명해진다.

숨어 있는 낭비 시간의 특징

사람들은 시간이 낭비되는 순간을 기억하지 못하는 경우가 많고 작은 행동들이 쌓여 하루를 무겁게 만든다는 사실도 자주 놓친다. 예를 들어 일하려고 책상 앞에 앉았는데 갑자기 컴퓨터 바탕화면을 정리하거나 어제 받은 메시지를 다시 확인하는 것처럼 "큰 일과 상관 없는 행동"이 갑자기 끼어드는 일이 반복된다. 이런 행동은 스스로는 잠깐의 쉬어가는 시간이라고 생각하지만 실제로는 집중 흐름을 깨뜨리고 다시 일을 시작하기 위해 더 많은 에너지를 쓰게 만든다. 이렇게 반복되는 작은 틈새들이 하루 전체를 방해하는데 문제는 이 과정이 너무 자연스러워서 본인은 낭비라고 느끼지 못한다는 점이다.

AI가 패턴을 잡아내는 방식

AI는 사용자가 들려주는 하루의 기록 속에서 패턴을 찾아내는 데 매우 강하다. 예를 들어 "오늘 하루 대충 이런 식으로 보냈어"라며 시간대별 상황을 이야기하면 AI는 반복되는 행동이나 흐름이 끊기는 지점을 바로 표시해준다. "이 시간대마다 스마트폰을 확인하고 있네", "업무 시작 후 40분마다 딴짓을 하고 있어"같은 분석은 사람이 스스로 발견하기 어렵지만 AI는 감정이나 편견 없이 사실만을 구조화하기 때문에 작은 반복도 놓치지 않는다. 이렇게 눈에 보이도록 정리된 패턴을 보면 사용자는 처음으로 "아, 나는 이런 식으로 시간을 잃고 있었구나"라는 자각을 하게 되고 이는 변화의 첫 시작이 된다.

일상 속 예시로 보는 패턴 찾기

예를 들어 회사원 민준은 하루가 늘 바쁘다고 느꼈지만 결과물은 기대만큼 나오지 않아 답답해했다. 어느 날 AI에게 "내 하루를 분석해줘"라고 요청하며 시간을 대략적으로 설명하자 AI는 놀라운 결과를 내놓았다. 점심 이후 집중력이 떨어지는 시간대에 그는 카톡 알림을 확인하며 10분씩 반복적으로 시간을 잃고 있었던 것이다. 또 퇴근 1시간 전에는 "바로 끝낼 수 있는 자잘한 일"을 다루다가 정작 중요한 업무를 미루는 패턴도 드러났다. 민준은 자신이 이런 습관을 갖고 있다는 사실조차 몰랐고 AI가 정리해준 정보를 보고 나서야 눈에 선명하게 보이기 시작했다. 이런 작은 발견은 시간이 어디에서 빠져나가는지 보여주며 하루의 흐름을 설계하는 기준을 만들어준다.

패턴을 바꿀 때 AI가 주는 지원

물론 패턴을 찾는 것만으로 변화가 완성되는 것은 아니다. AI는 패턴을 발견한 뒤 그것을 바꾸기 위한 구체적인 조언까지 함께 제안한다. "점심 이후 10분씩 흐트러진다"는 분석이 나오면 AI는 "이 시간에는 휴대폰을 다른 방에 두고 집중 해보는 건 어떨까?"같은 실천 가능한 조언을 건넨다. 또 "퇴근 전에는 중요한 일부터 하나만 처리해보자"라는 방식의 작은 흐름도 함께 제시해준다. 사용자가 스스로 해결해야 할 문제처럼 느껴졌던 습관도 AI는 부담 없이 시작할 수 있는 방향으로 나누어 안내하기 때문에 행동으로 이어지기 훨씬 쉽다. 특히 처음에는 크게 바꾸지 않아도 되고 작은 시도만으로도 충분하다는 안정감을 주는 것이 AI의 큰 장점이다.

시간낭비를 줄일 때 생기는 변화

시간낭비 패턴을 찾고 나면 하루의 밀도가 눈에 띄게 달라지는데 이는 단순히 "낭비가 없어졌다"는 의미보다 더 큰 변화다. 흐름이 끊기지 않다 보니 일의 속도가 자연스럽게 붙고 여유 시간도 조금씩 생기며 마음이 훨씬 가벼워진다. 또한 자신이 어떤 순간에 약한지를 알게 되면 불필요한 죄책감도 사라지고 계획이 흔들릴 때에도 "이건 내 패턴이니까 다시 돌아오면 돼"라는 안정된 마음이 자리 잡는다. 시간 관리는 사실 강한 의지보다는 자신이 어떤 흐름에서 힘을 잃는지를 아는 것이 먼저인데 AI는 이 과정을 빠르고 정확하게 보여주는 조력자다. 이렇게 자신만의 패턴을 알게 되고 그 틈을 메우는 방법을 익히면 하루의 흐름은 점점 부드럽게 이어지고 시간이 채워지는 감각도 자연스럽게 회복된다.

04

루틴 진단받기 : AI 코칭의 시작

하루를 규칙적으로 보내고 싶다는 마음은 누구나 갖고 있지만 막상 루틴을 만들고 유지하는 일은 생각보다 쉽지 않다. 출근 시간, 회의 일정, 가족과의 시간, 예상치 못한 변수들이 뒤섞이다 보면 좋은 루틴을 만들고 싶다는 다짐은 금방 흐트러지기 마련이다. 그런데 그 흐름 속에서 무엇이 잘 되고 있고 무엇이 반복적으로 흔들리는지 스스로 파악하는 일은 더욱 어렵다. 사람은 자신의 패턴을 객관적으로 보지 못하는 경우가 많아 같은 실수를 반복하면서도 이유를 정확히 알지 못하는 일이 흔하다. 이런 상황에서 루틴을 진단해주는 AI는 가벼운 질문 몇 개만으로도 사용자에게 명확한 방향을 제시해주며 작은 변화의 시작점을 만들어준다.

루틴 진단이 필요한 이유

많은 사람들이 루틴을 만들 때 처음에는 큰 의욕으로 시작하지만 시간이 지나면 흐름이 금방 무너진다. 아침 운동을 하겠다고 다짐했는데 며칠 지나면 기상 시간이 뒤로 밀리고, 잠들기 전 10분 독서를 시작했지만 어느 순간 휴대폰을 보다가 잠드는 식이다. 이런 흐트러짐은 의지가 약해서가 아니라 자신에게 맞는 루틴 구조를 모르기 때문에 생기는데 AI에게 루틴 진단을 받으면 이런 부분이 자연스럽게 드러난다. 예를 들어 "아침 루틴을 유지하기 어려워"라고 말하면 AI는 기상 패턴, 에너지 수준, 준비 시간 등을 함께 고려해 어떤 단계에서 흐름이 끊기는지 파악해준다. 사용자는 자신이 몰랐던 작은 문제를 발견하고 루틴이 무너지는 원인을 더 명확히 이해하게 된다.

AI가 루틴을 분석하는 방식

AI는 사용자의 말 속에서 규칙성을 빠르게 찾아내고 특정 시간대나 상황에서 반복적으로 나타나는 패턴을 정리하는 데 능숙하다. 예를 들어 "퇴근 후 운동을 하고 싶은데 자꾸 미루게 돼"라고 말하면 AI는 사용자의 에너지 흐름과 하루 일정 구조를 분석해 퇴근 직후 바로 운동이 어려운 이유를 설명해줄 수 있다. 또 "자기 전 독서를 하고 싶은데 잘 안 돼"라고 요청하면 잠들기 직전 피로가 누적되는 시간대라는 점이나 침대에서 바로 독서를 시작하는 방식이 유지에 적합하지 않다는 점을 알려준다. 이렇게 AI는 단순한 조언이 아니라 사용자의 전체적인 리듬을 분석해 루틴이 지속되기 어려운 근본적인 원인을 짚어준다.

일상 사례로 보는 루틴 진단

예를 들어 직장인 소연은 아침 루틴을 만들고 싶어 여러 번 시도했지만 매번 며칠을 넘기지 못했다. 그래서 AI에게 "내 아침 루틴이 왜 자꾸 무너지는지 알려줘"라고 요청했는데 AI는 그녀의 설명 속에서 중요한 패턴을 찾아냈다. 소연은 전날 밤 늦게까지 휴대폰을 보며 시간을 보내는 일이 잦았고 그 결과 기상 시간이 일정하지 않았던 것이다. 또 아침에 준비 시간이 촉박해 루틴을 실행할 여유가 없다는 문제도 드러났다. AI는 이런 문제점을 정리해주며 "밤 11시 이후 휴대폰 사용을 줄이는 습관부터 만들어보자"거나 "아침 준비 시간을 10분만 확보하면 루틴을 자연스럽게 넣을 수 있어"같은 현실적인 제안을 건넸다. 소연은 그때 처음으로 자신이 아침 루틴을 지키기 어려웠던 진짜 이유를 이해하게 되었고 그 뒤로 작은 변화를 시작할 수 있었다.

루틴을 다시 세팅하는 AI의 조언

AI의 진단은 단순히 문제점을 지적하는 데서 끝나지 않는다. 루틴을 다시 세팅할 수 있도록 구체적이고 실천 가능한 방법을 함께 제시한다. 예를 들어 사용자가 "일과 중 간단한 스트레칭을 넣고 싶은데 자꾸 잊어버려"라고 말하면 AI는 2시간에 한 번씩 알림을 설정하거나 회의가 끝난 직후 자동으로 스트레칭 루틴을 이어갈 수 있도록 흐름을 만들어준다. 또 "밤 루틴을 만들고 싶은데 막상 시작이 어려워"라고 말하면 5분만 투자하는 초간단 루틴부터 시작해 점차 시간

을 늘리는 방식으로 접근해보자고 제안한다. AI는 거창한 목표보다
는 사용자의 생활 패턴을 기준으로 자연스럽게 이어질 수 있는 작은
루틴을 먼저 설정하도록 돕는다.

꾸준함을 돕는 부드러운 코칭

루틴 진단의 가장 큰 장점은 꾸준함을 유지할 수 있도록 AI가 적
절한 타이밍에 부드럽게 개입해준다는 점이다. 예를 들어 며칠 동안
루틴을 지키지 못한 날이 이어지면 AI는 "최근에는 많이 바빴던 것
같아, 오늘은 5분 루틴으로 다시 시작해볼까?"같은 메시지를 건네
사용자의 부담을 줄인다. 이런 말 한마디는 스스로에게 실망하는
감정을 완화시키고 다시 시작할 수 있는 여유를 되찾게 해준다. AI
는 판단하거나 압박하지 않고 사용자의 속도를 존중하며 현재의 상
황에 맞는 루틴을 제안하기 때문에 꾸준함을 잃지 않도록 도와주
는 조력자가 된다. AI와 함께하는 루틴 진단은 스스로의 패턴을 이
해하고 그 안에서 작은 변화를 쌓아갈 수 있도록 자연스럽게 길을
열어준다.

05

작은 반복 업무를 AI에게 완전히 넘기기

작은 반복 업무는 하루 속 곳곳에 숨어 있다. 메일 제목을 정리하고, 회의록을 일정한 형식으로 정리하고, 오늘 처리한 업무를 간단히 기록하는 일처럼 한 번에는 별로 어렵지 않지만 반복되면 은근히 피로를 쌓아가는 작업들이다. 이런 일은 시간이 오래 걸리지 않더라도 집중을 끊어 놓고 흐름을 방해하며 종종 더 중요한 업무의 흐름까지 흔들어 놓는다. 그래서 많은 사람들이 "바쁜 건 아닌데 이상하게 하루가 정신없다"고 느끼곤 하고, 이런 순간 AI는 생각보다 훨씬 큰 도움을 준다. 사람의 집중력이 필요한 일을 보호하기 위해 작은 반복 업무를 조용히 대신 맡아주며 하루의 리듬을 안정적으로 유지하도록 돕는다.

왜 반복 업무를 AI에게 맡겨야 할까

반복 업무는 단순한 것처럼 보이지만 사람의 에너지를 많이 소모

한다. 메일을 일정한 문장 형식으로 정리하는 일, 텍스트를 표로 정리하는 일, 회의 내용을 주제별로 나누는 일은 생각보다 시간이 오래 걸리고 집중을 분산시킨다. AI는 이런 작업을 아주 빠르게 처리해주며 작업 흐름이 끊어지는 것을 막아준다. 예를 들어 "회의 내용 요약해줘"라고 말하면 AI는 핵심 주제, 결정 사항, 후속 업무까지 깔끔한 구조로 정리해준다. 반복 업무가 줄어들면 사람은 자신의 에너지를 중요한 일에 더 집중할 수 있고 하루 전체에 여유가 생긴다.

문서 작업을 자동화하는 작은 기술들

예를 들어 보고서를 쓰다가 참고용 문장들을 정리해야 하는 상황이 있다면 AI에게 "이 문장들을 표로 정리해줘"라고 말하는 것만으로 정돈된 형태가 만들어진다. 또 업무 기록을 정리해야 할 때 "오늘 한 일 간단하게 정리해줘"라고 요청하면 날짜, 주요 작업, 진행 상황 같은 항목이 포함된 간결한 요약이 나온다. 사람이 직접 하면 10분 이상 걸릴 일도 AI는 몇 초 만에 처리하고 형식도 일정하게 유지해주기 때문에 정돈된 문서가 금방 완성된다. 이런 작은 자동화는 문서 정리에 필요한 시간을 크게 줄여주며 반복되는 피로감을 덜어준다.

정해진 형식을 지키는 일도 AI가 더 빠르다

업무에서는 정해진 형식이 있는 반복 작업이 자주 등장한다. 예를 들어 매일 고객 상담 기록을 같은 구조로 정리해야 한다면 AI에게 "이 내용을 상담 기록 형식으로 정리해줘"라고 요청하는 것만으로 바로 적용된다. 또 프로젝트를 진행할 때 필요한 체크리스트나 경과 보고서도 AI가 매번 같은 구조로 만들어주기 때문에 사용자는 내용에만 집중하면 된다. 같은 형식을 유지하는 일은 사람이 하려면 번거롭지만 AI는 누락 없이 반복해서 정확하게 만들어주기 때문에 부담이 크게 줄어든다.

매일 반복되는 작은 결정들을 덜어주는 역할

단순한 업무에서도 "어떤 문장으로 시작하지?", "이 내용을 어떻게 나눠야 하지?"같은 작은 고민이 필요하다. AI는 이런 결정을 대신해주기 때문에 사람은 선택 피로를 줄일 수 있다. 예를 들어 "이 문단을 자연스럽게 이어지게 고쳐줘"라고 말하면 AI는 맥락을 매끄럽게 정리해준다. 또 "짧고 정중한 답장으로 바꿔줘"라고 요청하면 상황에 맞는 문장을 자연스럽게 만들어준다. 이런 작은 결정들이 자동으로 해결되면 하루에 남는 에너지가 훨씬 많아지고 중요한 일에 집중하는 속도도 빨라진다.

반복 업무가 줄어들면 생기는 여유

작은 작업들이 사라지면 마음속에 남는 여유가 눈에 띄게 늘어난다. 예를 들어 하루에 5~10분씩만 쓰던 반복 작업을 AI가 대신해도 일주일이면 한 시간 이상이 절약되고 그 시간은 집중을 회복하거나 중요한 프로젝트에 투자할 수 있는 시간으로 바뀐다. 또 반복 업무가 AI에게 맡겨지면 실수 가능성도 줄어들고 작업의 정확도도 높아지기 때문에 다시 검토하는 부담도 감소한다. AI는 단순히 시간을 절약해주는 존새가 아니라 하루의 "정신적 공간"을 넓혀주는 역할을 한다.

작은 자동화를 꾸준한 습관으로 만들기

반복 업무를 AI에게 넘기는 일은 거창한 시스템을 만드는 것이 아니라 "이건 AI가 대신할 수 있을까?"라고 한 번 더 생각하는 습관에서 시작된다. 어떤 일은 직접 하는 것이 더 빠를 때도 있지만 구조화·정리·변환이 필요한 작업은 대부분 AI가 훨씬 빠르게 처리한다. 반복 업무를 꾸준히 맡기면 일의 흐름이 부드러워지고 중요한 일에 몰입하는 시간이 늘어나며 하루를 훨씬 효율적으로 사용할 수 있다. 작은 자동화가 쌓이면 하루의 피로는 자연스럽게 줄고 사람이 해야 하는 핵심 영역에 집중할 수 있는 힘이 생긴다.

4장

하루를 가볍게
만드는 AI 루틴 만들기

아침 루틴을 자동화하는 쉬운 방법

아침은 하루 중 가장 바쁘고 정신이 분산되기 쉬운 시간대다. 눈을 뜨자마자 무엇을 먼저 해야 할지 떠올리며 서두르게 되고 작은 변수 하나에도 동선이 무너져 하루의 리듬까지 함께 흔들린다. 어떤 날은 여유 있게 준비되지만 어떤 날은 반복적으로 늦어버리거나 가방을 챙기지 못한 채 급하게 집을 나서기도 한다. 이런 패턴은 누구에게나 익숙하지만, 아침을 정돈하는 일은 생각보다 간단한 자동화만으로도 훨씬 수월해진다. 하루의 시작을 부드럽게 이끌어주는 작은 루틴을 AI와 함께 만들면 아침 시간은 자연스럽게 안정감을 되찾는다.

아침을 예측 가능한 흐름으로 만드는 자동화

아침 루틴이 어려운 가장 큰 이유는 매일의 컨디션과 상황이 모두 다르기 때문이다. 그러나 AI는 이런 변수를 감안해 일관된 흐름을 만들어주는 데 능숙하다. 예를 들어 "30분짜리 아침 루틴을 만들어줘"라고 요청하면 세수·정리·간단한 스트레칭·오늘 해야 할 일 확인까지 사람의 패턴과 생활 방식에 맞춘 구성으로 자동 설계해준다. 이 과정에서 사용자가 매번 무엇을 먼저 할지 결정할 필요가 사라지기 때문에 아침에 느끼던 혼란이 자연스럽게 줄어든다. 특히 바쁜 사람일수록 선택을 덜어주는 것만으로도 준비 시간이 훨씬 가벼워지고 집중력도 유지되기 쉽다.

컨디션에 따라 바뀌는 유연한 아침 설계

어떤 날은 상쾌하게 눈을 뜨고 어떤 날은 피로가 누적되어 몸이 무겁다. AI는 이런 상태 변화를 빠르게 반영해서 아침 루틴을 상황에 맞게 조절해준다. 예를 들어 "오늘은 좀 피곤해서 천천히 준비하고 싶어"라고 말하면 AI는 짧은 스트레칭이나 호흡 조절처럼 부담 없는 시작을 제안하고 준비 시간을 넉넉하게 배치한다. 반대로 "오늘은 중요한 발표가 있어서 집중력을 빨리 끌어올리고 싶어"라고 하면 짧은 집중 루틴이나 간단한 목표 설정 단계를 추가해준다. 아침 루틴이 고정된 틀이 아니라 컨디션에 따라 변하는 흐름이 될 때 사람은 훨씬 자연스럽게 루틴을 유지할 수 있다.

작은 준비 단계가 하루 전체로 이어지는 구조

아침 루틴의 핵심은 그날의 전체적인 속도와 방향을 잡아주는 데 있다. 예를 들어 사용자가 "오늘 가장 중요한 일 하나만 알려줘"라고 말하면 AI는 일정표를 분석해 핵심 업무를 골라주고 이 기준 하나만 잡혀도 하루가 부드럽게 흘러간다. 또 AI는 잊기 쉬운 일정이나 준비물을 자동으로 알려줘 실수를 줄여준다. "오늘 비 올 가능성이 있어 우산 챙겨"라든지 "10시에 회의 있으니 이동 시간 계산해볼까?"같은 안내는 아침의 작은 준비를 하루 전체와 연결시켜준다. 이런 흐름이 만들어지면 아침 루틴 자체가 하나의 출발 신호처럼 작동하며 하루 전체의 안정감을 높여준다.

아침의 반복 업무를 덜어주는 작은 자동화들

아침마다 반복되는 행동들은 작지만 시간을 빼앗는다. 예를 들어 물 한 잔 마시기, 점심 도시락 챙기기, 가방 안 물건 확인하기 같은 작은 행동들은 매번 신경 쓰지 않으면 쉽게 빠뜨리게 된다. AI에게 "아침마다 챙겨야 할 것들 알려줘" 또는 "출근 직전 체크리스트 만들어줘"라고 요청하면 필요한 준비물이 자동으로 정리되어 실수를 줄여준다. 또 "아침 스트레칭 3분짜리로 만들어줘"라고 말하면 과도하지 않고 부담 없는 루틴을 만들어주기 때문에 꾸준히 유지하기 쉽다. 이런 작은 자동화는 아침의 혼란을 줄여주는 데 아주 효과적이며 하루 시작의 심리적 부담도 가볍게 해준다.

꾸준한 아침 루틴을 만드는 부드러운 동기 부여

AI는 루틴을 유지하는 과정에서도 자연스럽게 도움을 준다. 예를 들어 며칠간 아침 루틴을 지키지 못한 날이 이어지면 AI는 "어제는 많이 피곤했던 것 같아, 오늘은 10분만 해볼까?"같은 부드러운 조언을 건넨다. 이런 멘트는 압박감 없이 다시 루틴을 시작할 수 있는 여유를 만들어주고, 스스로를 탓하기보다 편안하게 흐름을 회복하게 된다. AI는 루틴을 평가하는 존재가 아니라 사용자의 속도와 상황을 존중하며 작은 연결 고리를 계속 유지해주는 역할을 한다. 그래서 아침 루틴이 실패로 끝나는 날이 줄어들고 꾸준히 쌓이는 루틴의 힘이 하루 전체로 퍼져나간다.

아침의 힘을 다시 찾아주는 AI 루틴 설계법

아침 시간을 자동화한다는 것은 아침을 더 빠르게 움직이는 것이 아니라 여유 있게 시작할 수 있도록 만드는 것이다. AI는 사용자의 생활 방식, 에너지 흐름, 일정 패턴을 바탕으로 "무리하지 않고 반복 가능한 아침"을 중심에 두고 루틴을 설계한다. 작은 자동화들이 쌓이면 준비가 한층 가벼워지고 하루의 템포도 자연스럽게 안정된다. 아침이 편안해지면 하루가 달라지고, 하루가 달라지면 시간 관리 전체가 새롭게 정돈된다. 그런 변화를 만드는 가장 쉬운 첫걸음은 "아침 루틴을 AI와 함께 설계하는 것"이다.

02
해야 할 일을 '줄이는' 기술

하루가 바쁘게 흘러가는 이유는 해야 할 일이 너무 많아서가 아니라, "해야 한다고 느끼는 일"이 끝없이 늘어나는 데 있다. 어떤 사람은 오전부터 메모 앱에 할 일을 잔뜩 적어두고도 하나도 처리하지 못한 채 피곤만 쌓이기도 한다. 또 어떤 사람은 중요한 일보다 눈앞에 있는 사소한 일에 시간을 쓰다가 하루가 흐트러지는 경험을 반복한다. 해야 할 일을 줄인다는 것은 일을 덜 한다는 의미가 아니라, 지금 당장 해야 할 것과 하지 않아도 되는 것을 정확히 구분하는 기술이다. 그리고 이 과정에서 AI는 놀라울 만큼 큰 역할을 한다.

해야 할 일을 줄이기 어려운 이유

사람은 해야 할 일을 스스로 판단할 때 감성이나 습관에 영향을 많이 받는다. 가령 "이것도 해야 하지 않을까?"라는 불안이 붙으면 작은 일도 중요한 일처럼 느껴지고, 반대로 피곤한 날에는 정말 필요한 일도 미루고 싶은 마음이 앞선다. 이런 상황이 반복되면 할 일 목록은 금세 길어지고 무엇을 먼저 해야 할지 판단하기가 어려워진다. AI는 이런 판단 부담을 덜어주기 위해 할 일 목록을 객관적으로 바라보며 지금 꼭 해야 할 일과 그렇지 않은 일을 빠르게 구분해준다. 감정에 흔들리지 않고 논리적으로 정리해주기 때문에 자연스럽게 불필요한 항목들이 줄어든다.

AI가 불필요한 일을 걸러내는 방식

예를 들어 "오늘 해야 할 일을 정리해줘"라고 말하면 AI는 사용자가 말한 내용 속에서 기한, 중요도, 난도 등을 기준으로 항목을 분류한다. 중요한 업무는 위로 올리고 오늘 하지 않아도 되는 일은 내일이나 이번 주로 밀어 배치해준다. 또 "이 중에서 꼭 안 해도 되는 건 뭐야?"라고 물으면 부담 없이 미뤄도 되는 항목들을 알려주기 때문에 정리 과정이 훨씬 가벼워진다. 사람은 일을 고를 때 망설임이 생기지만 AI는 일정한 기준을 적용해 빠르게 결정을 내린다. 그 결과 목록은 필요 이상으로 길어지지 않고 지금 당장 집중해야 할 일을 명확하게 볼 수 있다.

일상 속에서 일을 줄여주는 실제 장면들

예를 들어 직장인 재훈은 아침마다 "오늘 해야 할 일" 메모를 만들지만 점심이 되면 절반도 못 끝낸 채 불안이 커졌다. 그래서 AI에게 "오늘 업무 목록을 간단하게 줄여줘"라고 요청했더니 AI는 재훈의 목록에서 기한이 임박한 일, 짧은 시간 안에 끝낼 수 있는 일, 지금 처리해야 흐름이 이어지는 일만 골라 5개로 압축해주었다. 그 결과 그는 계획을 다시 세우지 않아도 되고 하루가 훨씬 정돈된 느낌을 받았다. 또 대학생 수희는 과제·시험·동아리 일정이 뒤섞여 늘 압박감을 느꼈는데 AI가 "이번 주에 정말 중요한 일 3개만 골라준다"고 하자 마음이 가벼워지고 실제 실행력도 높아졌다. 이렇게 AI는 많은 일을 줄이려는 의식적인 노력을 대신해주어 자연스럽게 집중도가 올라가도록 도와준다.

작은 선택을 줄이는 것이 가장 중요한 전략

해야 할 일을 줄인다는 것은 사실 선택해야 할 횟수를 줄이는 것과 같다. AI에게 "오늘 우선할 일 두 가지만 알려줘"라고 하면 복잡한 고민 없이 바로 행동으로 옮길 수 있는 상태가 된다. 또 "지금 해야 하는 일과 나중에 해도 되는 일을 나눠줘"라고 요청하면 선택의 폭이 좁아져 집중하기 쉬워진다. 선택이 줄어들면 마음이 가벼워지고 실행 속도도 빨라진다. 작은 결정이 쌓여 하루를 복잡하게 만드는 것처럼 작은 결정이 줄어들면 하루의 흐름이 훨씬 부드럽게 이어진다.

할 일을 줄이는 대신 '중요한 일'에 집중하기

AI가 일을 줄여주는 핵심은 불필요한 일을 없애는 것이 아니라 중요한 일을 중심으로 움직이게 만드는 것이다. 예를 들어 "오늘 가장 중요한 목표 하나만 말해줘"라고 하면 AI는 일정과 업무 흐름을 바탕으로 가장 영향력이 큰 행동을 골라준다. 이 한 가지 기준만 있어도 하루가 훨씬 단순해지고 흔들림도 줄어든다. 또 AI는 시간이 오래 걸리는 일, 에너지가 많이 필요한 일, 짧게 끝낼 수 있는 일을 나눠 설명해줘 하루의 템포를 조절하는 데에도 도움을 준다. 중요한 일을 먼저 처리하는 구조가 만들어지면 자연스럽게 하루 전체가 가벼워진다.

줄어든 일만큼 늘어나는 마음의 여유

할 일을 "줄이는 기술"은 단순히 시간을 절약하는 것을 넘어 마음의 여유를 되찾는 방법에 가깝다. AI가 불필요한 일들을 정리해주면 해야 할 일이 줄어든 만큼 머릿속의 복잡함도 제거되고 스스로를 압박하던 감정도 완화된다. 이런 여유는 하루의 리듬을 편안하게 만들고 중요한 일에 몰입할 수 있는 기반이 된다. AI는 해야 할 일을 줄여주는 도구가 아니라 마음을 가볍게 만들고 행동의 방향을 정리해주는 조력자처럼 작용한다. 작은 일부터 부담을 덜어내는 과정은 하루를 새롭게 조직하며 더 여유로운 속도를 만드는 힘이 된다.

AI가 알려주는 한 가지 우선순위

하루를 어떻게 보낼지는 결국 무엇을 먼저 하느냐에 달려 있다. 하지만 막상 아침이 되면 중요한 일보다 눈앞에 보이는 일에 끌리고, 급한 일처럼 보이는 것들에 마음이 흔들리기 쉽다. 어느 일부터 시작해야 할지 고민하는 동안 시간은 지나가고 집중력도 함께 흐트러지면서 하루의 흐름이 꼬이기도 한다. 이런 순간에 AI는 복잡한 고민을 대신 정리해 주며 지금 가장 중요한 "한 가지"를 보여주는 역할을 한다. 우선순위를 단순하게 만드는 것만으로도 하루의 무게는 놀라울 만큼 가벼워진다.

우선순위가 흔들리는 이유

사람은 해야 할 일을 고를 때 감성, 습관, 순간적인 부담감에 영향을 쉽게 받는다. 예를 들어 중요한 문서를 작성해야 한다는 것을 알면서도 먼저 이메일을 정리하거나 간단한 업무부터 손대는 일이 흔하다. 당장 완성하기 쉬운 일을 먼저 처리하고 싶은 마음이 생기기 때문이다. 또 할 일이 많아 보이면 무엇을 먼저 해야 할지 판단하는 과정에서 불안이 생기고, 이 불안이 우선순위를 흔들어 놓는다. AI는 이런 부분을 감정적으로 흔들리지 않고 분석해 지금 해야 할 일과 나중으로 미뤄도 되는 일을 명확하게 구분해준다. 이렇게 객관적으로 정리된 기준이 생기면 우선순위를 선택하는 스트레스가 줄어든다.

AI가 '가장 중요한 일'을 고르는 방식

사용자가 "오늘 해야 할 일 중 가장 중요한 걸 하나만 골라줘"라고 말하면 AI는 일정의 기한, 업무의 영향도, 지금 처리해야 흐름이 이어지는 작업 등을 기준으로 정리한다. 예를 들어 기한이 임박한 업무, 다른 사람의 작업이 그 뒤에 따라오는 업무, 하루 전체의 방향을 결정하는 업무는 높은 우선순위로 분류된다. 반대로 급하지 않은 일이나 나중으로 미뤄도 문제가 없는 일들은 자연스럽게 뒤로 밀린다. 사람보다 빠르게 전체 흐름을 판단해주는 덕분에 우선순위 결정 과정이 매우 간단해지고, 중요한 일을 바로 시작할 수 있는 환경이 만들어진다.

일상 속에서 우선순위가 달라지는 순간들

직장인 정우는 매일 여러 업무를 동시에 처리하다 보니 어느 것이 중요한지 헷갈리기 일쑤였다. 그래서 AI에게 "오늘 가장 중요한 일 하나만 알려줘"라고 요청했더니 AI는 그가 제출해야 하는 기획안이 하루의 핵심임을 바로 짚어주었다. 그 결과 정우는 불필요한 업무에 시간을 쓰지 않고 하루의 첫 시간을 집중하는 데 사용했다. 또 대학생 다은은 시험 공부, 과제, 동아리 활동이 겹쳐 하루가 복잡했는데 AI가 "이번 주의 핵심 목표"를 2~3개로 압축해주면서 심리적 부담이 크게 줄었다. 이렇게 AI가 제시하는 한 가지 우선순위는 사용자의 마음을 간단한 방향으로 정리해주고 행동을 빠르게 이어가도록 돕는다.

우선순위가 줄어들면 집중이 높아지는 이유

사람은 한 번에 여러 일을 동시에 생각하면 에너지가 분산되고 집중력이 떨어진다. 하지만 중요한 일 하나만 눈앞에 두면 마음이 자연스럽게 그 방향으로 모이게 된다. AI가 "오늘의 핵심"만 골라주는 이유도 여기에 있다. 예를 들어 "아침에 무엇부터 시작할까?"라고 묻는 대신 "오늘은 이 일을 먼저 끝내면 괜찮아"라고 안내받으면 부담이 줄고 실행 속도가 빨라진다. 선택해야 할 것이 줄어들면 머릿속 혼란도 줄어들고, 집중해야 할 순간에 에너지가 한곳에 모인다. 우선순위가 단순할수록 하루는 의외로 더 풍부해지고 여유로운 흐름을 갖게 된다.

작은 질문 하나가 하루의 방향을 바꾼다

AI에게 우선순위를 물어보는 일은 아주 간단한 동작이지만 그 결과는 크다. 예를 들어 "지금 이 순간 가장 먼저 해야 할 일은 뭐야?"라고 물으면 AI는 현재 시간과 일정 흐름을 고려해 빠르게 정리해준다. 또 "오늘의 핵심 목표 하나만 만들어줘"라고 하면 지금 해야 하는 일의 기준이 자연스럽게 잡힌다. 이런 질문은 하루의 방향을 다시 정렬하는 역할을 하며, 지나치게 많은 일을 떠올리며 불안해하는 시간을 줄여준다. 우선순위가 명확해지면 그다음 행동도 자연스럽게 이어지고 하루가 흔들림 없이 흘러가기 시작한다.

하나의 기준이 만드는 심리적 안정감

우선순위를 단 하나로 좁히는 것은 심리적인 안정감을 주는 데도 큰 효과가 있다. "오늘 이것만 해도 괜찮아"라는 기준이 생기면 부담이 줄어들고 자신감이 생긴다. AI는 성취 가능성이 높은 목표부터 제시해 사람의 행동 흐름을 안정시키고 실패에 대한 두려움을 줄여준다. 작은 성취가 쌓이면 하루를 바라보는 마음도 차분해지고, 더 많은 일을 자연스럽게 이어갈 수 있는 힘이 생긴다. 중요한 일을 먼저 선택하는 순간 하루는 단순해지고 정돈되고, 그 단순함이 시간 관리의 핵심이 된다. AI가 알려주는 단 하나의 우선순위는 그 단순함을 만들어주는 가장 쉬운 출발점이다.

04

오후 집중력 회복 루틴 만들기

오후가 되면 머리가 살짝 무거워지고 집중력이 흐트러지는 순간이 자연스럽게 찾아온다. 점심 이후 밀려오는 졸음이나 쌓여 있던 일들이 한꺼번에 떠오르면서 마음이 산만해지기도 한다. 해야 할 일을 알고 있지만 손이 잘 움직이지 않을 때, 그 시간을 조금 더 편안하게 넘기는 방법이 있으면 좋겠다는 생각이 들곤 한다. 이런 시간에 AI는 복잡한 판단 없이 지금 상황에 맞는 작은 리듬을 만들어 주며 흐트러진 집중력을 다시 모아주는 역할을 한다. 오후를 다시 시작하게 해주는 부드러운 "재시동 버튼" 같은 존재가 되는 셈이다.

왜 오후에 집중력이 떨어지는가

오후의 피로감은 누구에게나 자연스럽게 찾아오는데 이는 에너지 리듬이 잠시 내려앉는 시간이기 때문이다. 점심 식사 후 혈당이 변하면서 졸음이 오기도 하고 오전에 사용한 집중력이 어느 정도 소진되면서 마음이 조금씩 분산된다. 게다가 오전에 끝내지 못한 일들이 머릿속에서 계속 떠오르며 "무엇부터 해야 하지"라는 생각만 반복되는 경우도 많다. 이럴 때는 일을 억지로 붙잡는 것보다 잠시 시선을 바꾸고 집중력을 회복할 수 있는 작은 루틴을 만드는 것이 효율적이다. AI는 이런 흐름을 예상해 사용자의 패턴을 바탕으로 가장 적절한 회복 루틴을 제안해준다.

AI가 알려주는 '지금 당장' 회복 루틴

AI에게 "지금 컨디션을 빠르게 회복할 수 있는 루틴을 만들어줘"라고 요청하면 현재 시간대, 업무 흐름, 남은 일정 등을 고려해 몇 분 안에 실행할 수 있는 회복 루틴을 짧게 정리해준다. 예를 들어 "2분 스트레칭 → 5분 산책 → 할 일 목록 중 가장 쉬운 일 1개 처리"와 같은 단순하지만 효과적인 루틴을 제시해 마음의 흐름을 다시 정돈할 수 있게 돕는다. 복잡한 판단 없이 바로 따라 할 수 있기 때문에 부담이 없고, 몇 분만 투자해도 흐트러졌던 집중력이 자연스럽게 돌아온다. 오후 중간에 무엇을 해야 할지 생각하는 시간 자체를 줄여주는 것이 AI 루틴의 가장 큰 장점이다.

일상 속에서 바로 활용할 수 있는 사례

회사원 민지는 점심 이후 집중력이 급격히 떨어져 매일 1~2시간을 허둥지둥 보냈다. 그래서 AI에게 "오후 2시에 집중력 회복 루틴 알려줘"라고 예약해두었더니 AI가 매일 같은 시간에 짧은 알림과 함께 회복 루틴을 보내왔다. 덕분으로 민지는 오후의 흐름이 끊어지는 시간을 자연스럽게 이어 갈 수 있게 되었고 불필요한 피로감도 줄었다. 대학생 우신은 공부하다 집중이 흐려질 때마다 AI에게 "3분 리셋 루틴 만들어줘"라고 요청했는데 AI가 짧은 호흡 정리와 간단한 문장 정리 과제를 제안해주면서 생각이 다시 또렷해졌다. 이렇게 AI는 사용자의 상황에 맞춰 실천 가능한 루틴을 빠르게 구성해주며 집중의 균형을 회복시켜준다.

짧게 리셋하는 것만으로도 흐름이 바뀌는 이유

집중이 흐트러졌을 때 가장 큰 문제는 "무기력"이 아니라 "어디서 다시 시작해야 할지 모르는 혼란"이다. 아무것도 하고 싶지 않은 것이 아니라 무엇을 해야 하는지 애매해서 더 멈춰 있는 상태가 되는 것이다. AI가 제시하는 회복 루틴은 이런 혼란을 해소하는 "작은 출발점"을 만들어준다. 예를 들어 "책상 정리 30초 → 물 마시기 → 메모장에 지금 떠오르는 일 3개 적기"라는 루틴을 따라가다 보면 어느 순간 마음이 가볍게 정돈되고 자연스럽게 할 일로 이어지기 시작한다. 루틴이 단순할수록 실행하기 쉽고, 실행하기 쉬울수록 집중력도 다시 올라오게 된다.

오후 루틴을 AI에게 맡기면 좋은 점

AI는 사람처럼 기분이나 타이밍에 영향을 받지 않고 항상 일정한 기준으로 루틴을 추천해준다. 그래서 어느 날은 길게, 어느 날은 짧게 고민하는 일이 줄어들고 오후 시간의 흐름이 일정하게 유지된다. 또 AI는 사용자의 반응에 따라 루틴을 조정해 "지난번에는 3분 루틴 이 잘 맞았으니 오늘도 비슷한 흐름으로 갈게"처럼 맞춤형 변화를 만 들어준다. 사용자는 루틴을 만들기 위한 의사결정을 하지 않아도 되 고 편안하게 제시된 내용만 따라가면 되기 때문에 오후의 공백 시간 이 크게 줄어든다. 이렇게 안정적인 리듬을 만들어 주는 것이 AI 루 틴의 가장 큰 힘이다.

작은 휴식이 더 큰 집중을 만든다

오후에 잠시 쉬는 것은 시간을 낭비하는 것이 아니라 더 오래 집 중하기 위한 준비 과정이다. 몸과 마음이 잠깐 쉬어가는 순간이 있어 야 다시 앞으로 나아갈 여지가 생기며, AI의 루틴은 그 쉬는 시간을 더 효과적으로 만들어준다. 예를 들어 "2분 쉼 → 10분 집중"이라는 구조를 반복하면 짧은 전환만으로도 긴 시간의 효율이 올라간다. AI 는 사용자가 무리하지 않고도 지속적으로 집중할 수 있도록 균형을 잡아주는 역할을 하며 오후를 무겁게 만드는 피로를 자연스럽게 눌 러준다. 이렇게 AI와 함께 만든 오후 루틴은 매일 반복되는 일상 속 에서 부드럽고 안정적인 힘이 되어준다.

05
저녁 루틴은 습관 유지의 핵심

하루를 마무리하는 시간은 생각보다 훨씬 섬세하다. 낮 동안 계속 움직이며 쌓인 감정과 일들이 저녁에 한꺼번에 풀리기도 하고, 반대로 남은 에너지가 다 소진되어 아무것도 하고 싶지 않은 때도 있다. 그래서 저녁 루틴을 어떻게 만들고 유지하느냐는 다음 날 컨디션뿐 아니라 전체적인 삶의 리듬에 큰 영향을 준다. 무리해서 생산적인 일을 하려는 것이 아니라 마음과 몸을 부드럽게 정리해주는 시간이 필요한데 그 과정을 AI가 함께 도와주면 훨씬 안정적으로 루틴을 만들 수 있다. 저녁 루틴은 하루의 끝이 아니라 내일로 이어지는 다리 역할을 한다는 점에서 AI와의 조화가 특히 잘 맞는 영역이다.

저녁 루틴이 중요한 이유

사람은 하루의 마지막 순간에 무엇을 하느냐에 따라 다음 날의 에너지와 마음가짐이 달라진다. 스마트폰을 오래 보거나 소파에 누워 아무 생각 없이 시간을 흘려보내면 몸은 쉬지만 마음은 충분히 회복되지 않아 다음 날 피로가 이어지는 경우가 많다. 반면 잠들기 전 짧게 하루를 돌아보고 내일을 정리하는 과정을 가지면 몸과 마음이 자연스럽게 균형을 찾으며 편안한 수면으로 이어진다. 저녁 루틴은 길고 복잡할 필요 없이 몇 가지 작은 행동들이 부드럽게 연결되어 하루의 끝을 정리해주는 흐름을 만드는 것이 핵심이며 AI는 이런 흐름을 사용자의 패턴에 맞춰 자연스럽게 구성해준다.

AI에게 맡기면 좋은 저녁 정리의 흐름

AI는 사용자가 어떤 유형의 저녁을 보냈는지, 어떤 감정으로 하루를 마쳤는지, 남은 업무가 무엇인지 등을 바탕으로 가장 적합한 루틴을 만들어준다. 예를 들어 "오늘 조금 피곤해, 가볍게 정리하는 루틴 만들어줘"라고 요청하면 AI는 짧고 부담 없는 5~7분짜리 루틴을 제시한다. 반대로 "오늘은 의욕이 괜찮아, 조금 정돈된 하루 마무리를 하고 싶어"라고 하면 기록하기 좋은 루틴과 간단한 내일 계획까지 함께 정리해준다. 이런 방식으로 AI는 사용자의 감정과 에너지 수준에 맞춰 루틴을 조절하기 때문에 그날그날 상황에 맞는 안정된 저녁 시간을 만들 수 있다.

일상 속 저녁 루틴 적용 사례

예를 들어 직장인 혜진은 저녁만 되면 소파에 누워 SNS를 보다가 어느새 1시간이 지나버리는 패턴이 반복되었다. 그래서 AI에게 "퇴근 후 20분짜리 저녁 루틴 추천해줘"라고 요청했고 AI는 씻기 전에 할 수 있는 간단한 스트레칭, 마음 정리 질문 3개, 내일 해야 할 일 한 줄 메모로 구성된 루틴을 제안했다. 혜진은 이 루틴을 따라 하자 오히려 휴식 시간이 늘어나고 마음도 훨씬 깊게 쉬어간다는 느낌을 받았다. 대학생 민수는 공부가 끝난 뒤 뿌듯한 마음과 동시에 무기력함이 밀려오는 시간에 AI 루틴을 활용해 감정 정리 노트를 쓰기 시작했는데 덕분에 저녁의 감정이 가벼워지고 다음 날 공부 의욕도 더 자연스럽게 이어졌다. 이렇게 AI 루틴은 일상에 쉽게 녹아들며 사용자의 감정과 습관을 부드럽게 정리해준다.

잠들기 전 AI가 도와주는 작은 기록들

감정 체크나 하루 회고 같은 기록은 보고 배우기 위해 하는 것이 아니라 마음을 정돈하는 과정 자체에 의미가 있다. AI는 "오늘 마음이 어땠는지 정리해볼까?"처럼 부드럽게 질문하며 사용자가 답한 내용을 짧은 문장으로 다시 정리해준다. 예를 들어 "오늘은 일이 많아서 조금 지쳤지만 그래도 잘 해냈다는 생각이 들어"라고 입력하면 AI는 "지쳤지만 스스로의 노력을 인정하는 하루였다"와 같이 명확하고 따뜻한 문장으로 감정을 정리해준다. 이렇게 정리된 문장은 마음을 편안하게 만들어 수면을 돕고 오늘의 감정이 내일로 이어지지 않도록 적절한 여백을 만들어준다. 기록이 익숙하지 않은 사람도 AI와 대화하듯 시작하면 부담 없이 저녁 루틴 속에 자연스럽게 기록이 포함된다.

습관을 오래 유지하는 힘, AI의 작은 반복 기능

저녁 루틴은 꾸준함이 중요하지만 가장 쉽게 무너지는 시간대이기도 하다. 하루의 피로가 한꺼번에 몰려오기 때문이다. 이때 AI의 반복 알림 기능을 활용하면 루틴을 지키는 부담이 크게 줄어든다. 매일 같은 시간에 "오늘 하루 어땠어? 3분만 기록해볼까?"라는 메시지가 오면 깊이 고민하지 않고 바로 실행할 수 있는 환경이 만들어진다. 또한 루틴이 지속되는 동안 AI는 사용자의 반응을 분석해 "지난 며칠 동안 이 질문에 집중이 잘 되었어, 오늘도 이어가볼까?"와 같은 방식으로 흐름을 유지해준다. 이런 가벼운 안내가 루틴을 오래 유지하게 해주고 이 부드러운 반복이 결국 습관을 완성하게 한다.

저녁 루틴이 내일을 바꾸는 이유

편안하게 하루를 마무리하는 시간은 단순한 휴식이 아니라 다음 날을 준비하는 가장 안정된 출발점이 된다. 저녁 루틴 속에서 기록하고 정리된 감정들은 다음 날의 생각을 가볍게 만들어주고 내일 해야 할 일을 미리 정리해두면 아침에 헤매는 시간이 줄어들며 자연스럽게 하루가 여유로워진다. AI와 함께 만든 저녁 루틴은 사용자의 삶에 맞춰 변형되고 진화하기 때문에 형식적인 루틴이 아닌 진짜 도움이 되는 루틴이 된다. 하루가 부드럽게 끝날 때 다음 날도 자연스럽게 부드럽게 시작되며 이런 흐름이 계속될수록 삶의 리듬도 안정적으로 이어진다는 점에서 AI는 저녁 루틴의 든든한 파트너가 되어준다.

AI로 하루 마무리 리포트 작성하기

하루가 끝나갈 때쯤이면 머릿속이 뒤섞인 느낌이 들 때가 많다. 무언가 열심히 보낸 것 같기도 하고 사실은 별로 한 게 없는 것 같기도 해서 마음이 묘하게 불편해지는 순간이 찾아온다. 바쁜 날에는 정신 없이 지나가 버려서 스스로 무엇을 했는지 기억조차 흐릿하고 여유가 있던 날에는 괜히 허무한 기분이 찾아오기도 한다. 그래서 하루의 마지막에 가볍게 정리하는 시간이 있으면 생각보다 마음이 훨씬 안정되고 다음 날에 대한 부담도 덜어진다. 이때 AI가 도와주는 하루 마무리 리포트는 스스로 쓰는 것보다 훨씬 간단하고 빠르며 무엇보다 부담 없이 시작할 수 있다.

AI 리포트가 필요한 이유

하루를 반성하거나 돌아보는 일은 좋은 습관이라는 것을 모두 알고 있지만 실제로 꾸준히 실천하는 사람은 많지 않다. 글을 잘 쓰지 못할까 봐 고민하거나 어떻게 정리해야 할지 막막해서 미루게 되고 시간이 지나면 기억도 흐려져 작성할 동기 자체가 사라지기도 한다. 하지만 AI에게는 완벽한 문장이 필요하지 않고 단 몇 개의 짧은 문장만 입력해도 충분하다. "오늘 바빴지만 좋은 대화를 많이 했어"처럼 단순한 한 줄만 입력해도 AI는 이를 기반으로 포근하고 깔끔한 하루 정리 리포트로 확장해준다. 이렇게 부담 없는 방식으로 하루를 수습하다 보면 자연스럽게 기록 습관이 생기며 마음의 흐름도 한결 부드러워진다.

어떤 방식으로 리포트를 만들까

AI 하루 리포트는 형식이 정해져 있지 않아 사용자가 원하는 스타일대로 얼마든지 바꿀 수 있다. 예를 들어 "감정 중심 리포트"를 선택하면 AI가 그날의 감정 변화를 하나의 흐름처럼 정리해주고 "업무 성과 중심 리포트"를 원하면 중요한 업무 처리 내용을 중심으로 간결하게 정리해준다. 더 나아가 "습관 유지 리포트"를 선택하면 식습관, 운동, 공부, 집중 시간 등 하루 동안 자신이 유지하려던 것들이 얼마나 잘 지켜졌는지 확인할 수 있는 형태로 작성해준다. 이런 유연한 방식 덕분에 사용자는 그날의 상황과 기분에 따라 가장 잘 맞는 리포트를 선택해 AI에게 요청하기만 하면 된다.

일상 사례로 보는 활용법

예를 들어 회사원 민재는 매일 바쁘게 움직이지만 집에 돌아오면

"오늘 도대체 무슨 일을 했지?"라는 느낌이 자주 들었다. 그래서 AI에게 "오늘 일정 요약해줘, 중요한 순간만 정리해줘"라고 요청했다. 그러지 AI는 민재가 오전에 미팅에서 어떤 결정을 내렸고 점심 이후 어떤 업무를 처리했으며 회의 사이에 어떤 성과가 있었는지를 깔끔하게 정리해줬다. 이를 본 민재는 생각보다 많은 일을 해냈다는 사실을 깨닫고 마음이 한결 가벼워졌다. 대학생 수연은 공부 루틴을 기록하기 힘들어했는데 AI에게 "오늘 공부한 내용 정리해줘"라고 요청하자 단순히 시간만 나열하는 것이 아니라 어느 부분을 잘 이해했고 어디서 막혔는지까지 정리한 작은 학습 노트를 만들어줘 다음 날 공부 계획을 세우는 데 크게 도움이 됐다.

하루 감정 정리도 AI가 도와준다

하루 동안 느낀 감정은 시간이 지나면 금세 흐려져서 스스로 정리하지 않으면 다음 날에도 계속해서 뒤섞인 상태로 남아 있다. AI에게 감정 리포트를 요청하면 "오늘은 예기치 않은 일로 조금 불안했지만 오후에 마음이 안정되기 시작했다"처럼 따뜻하고 부드러운 문장으로 하루의 감정선을 정리해준다. 사용자가 남긴 단편적인 문장도 하나의 흐름으로 엮어주어 마치 하루를 차분히 설명해주는 듯한 느낌을 준다. 특히 감정 기록이 익숙하지 않은 사람도 AI의 질문에 가볍게 답하기만 하면 리포트가 완성되므로 부담 없이 감정을 돌아보는 습관을 만들기 좋다.

AI 리포트가 주는 장기적 효과

하루 마무리 리포트를 꾸준히 작성하다 보면 생각보다 큰 변화가 찾아오는데 바로 "내가 하루를 어떻게 살아가고 있는지"가 또렷하게 보인다는 점이다. 반복되는 패턴과 감정의 흐름, 일의 우선순위, 실수했던 순간, 잘 해낸 순간 등이 자연스럽게 드러나기 때문에 무엇을 줄여야 하고 무엇을 유지해야 하는지 판단하기가 쉬워진다. AI는 이런 패턴을 바탕으로 다음 주나 다음 달을 위한 제안도 만들어주는데 예를 들어 "최근 저녁마다 피곤하다고 했어요, 아마 회의가 몰린 시간대 때문일 수 있어요"같은 식의 조언을 덧붙여준다. 이러한 피드백은 자기 관찰을 돕고 일상의 흐름을 안정적으로 유지하는 데 큰 힘이 된다.

AI와 함께 만드는 하루의 마무리

AI가 작성해주는 하루 마무리 리포트는 복잡한 기록 습관을 요구하지 않고 사용자가 느낀 그대로, 기억하는 그대로의 내용을 안전하게 정리해준다. 덕분에 머릿속이 한결 정돈되고 다음 날을 위한 여유가 생기며 막연했던 하루가 명확한 흐름을 가진 하루로 바뀐다. 하루가 어떤 모습이었든 따뜻하게 정리해주는 AI 리포트는 하루 전체를 연결해주는 마지막 리듬처럼 작용하며 사용자가 더 편안하고 단단한 하루를 이어갈 수 있도록 부드럽게 돕는다.

07
1주일 루틴을 자동 조정하는 법

하루가 아무리 잘 흘러가더라도 일주일 단위로는 흐름이 달라질 때가 많다. 월요일의 다짐이 금요일쯤 되면 조금씩 희미해지고, 바쁨과 여유가 반복되면서 계획했던 루틴도 자연스럽게 틀어지기 마련이다. 사람은 그날그날의 감정과 에너지에 따라 움직이기 때문에 루틴을 매일 똑같이 유지하는 것은 사실상 어렵다. 그래서 지나간 일주일을 돌아보며 다음 주의 흐름을 다시 잡아주는 과정이 필요하고 이때 AI는 작은 단서만으로도 나의 한 주를 부드럽게 조정해주는 역할을 한다. 복잡한 분석이나 구조적인 계획이 아니라 생활 속에서 놓치기 쉬운 흐름을 찾아 다시 안정적으로 이어주는 조용한 조력자가 된다.

일주일의 흐름을 되짚는 작은 질문들

한 주가 지나면 사람은 어느 순간부터 무엇이 잘 되었고 무엇이 미묘하게 어긋났는지를 정확히 기억하지 못하는 경우가 많다. 그래서

AI에게 "이번 주 흐름을 간단히 정리해줘"라고 건네면 일정, 할 일 목록, 메모 같은 기본 정보 속에서 반복과 흐트러짐의 패턴을 차분하게 찾아 보여준다. 예를 들어 월요일과 화요일은 계획대로 잘 흘렀지만 수요일 이후부터 집중 시간이 눈에 띄게 줄었다거나, 운동을 하기로 한 날 중 이틀은 다른 일정과 겹쳐 흐름이 끊겼다는 식의 정리는 스스로는 쉽게 알아채기 어렵다. 이런 단서를 AI가 먼저 잡아주면 다음 주에 어떤 부분을 조금 다듬으면 좋을지 자연스럽게 떠오르기 때문에 매주 복잡한 자기 점검을 할 필요가 없다. 작은 질문 하나가 지난 일주일을 다시 바라보게 하고 다음 주의 방향을 부드럽게 조정하는 출발점이 된다.

AI가 찾아주는 루틴의 자연스러운 변화

사람은 자신의 루틴을 고정된 틀로 생각하기 쉽지만 실제로는 체력, 일정, 감정에 따라 매주 조금씩 변하는 것이 가장 현실적이다. 예를 들어 "수요일에 운동을 하기로 했는데 이번 주는 너무 바빴어. 어떻게 조정하면 좋을까?"라고 AI에게 말하면 AI는 운동 빈도를 줄이거나 시간을 다르게 배치하여 부담 없이 다시 이어갈 수 있는 구조를 제안한다. 반대로 "이번 주는 유독 여유가 많았어. 조금 더 무언가 해보고 싶어"라고 말하면 새로운 학습 루틴이나 간단한 스트레칭을 루틴 사이에 자연스럽게 섞어 넣어준다. 이런 변화는 사용자가 억지로 계획을 잡는 것이 아니라 AI가 일상의 흐름을 읽어 자연스럽게 조정해주는 방식이라 무리 없이 받아들일 수 있다. 루틴이 바뀌는 것이 아니라 "현재의 나에게 맞춰지는 것"이기 때문에 실행력이 떨어지지 않고 꾸준히 이어지기 쉽다.

매주 반복되는 작은 자동 조정의 힘

일주일 단위의 루틴 조정은 크게 거창한 계획을 바꾸는 작업이 아니라 작은 흐름을 정리하는 작업에 가깝다. 예를 들어 AI에게 "다음 주 루틴을 조금 가볍게 만들어줘"라고 하면 AI는 과도하게 몰린 일정들을 적당히 분산시키고 필수 업무와 선택 업무를 구분해준다. 또 "집중 시간이 자꾸 흩어져. 어떻게 바꾸면 좋을까?"라고 물으면 집중을 필요로 하는 작업을 오전으로 모으거나 중간에 짧은 회복 시간을 넣어 전체 흐름을 다시 잡아준다. 이런 자동 조정은 복잡한 계산이 아니라 생활 리듬을 다시 편안하게 만드는 과정이라 부담이 없고, 꾸준히 반복되면 한 주 한 주가 안정적으로 이어져 루틴이 자연스럽게 습관으로 굳어진다. 스스로는 귀찮아서 신경 쓰지 못했던 작은 정리들이 AI를 통해 매주 부드럽게 다듬어지며 일상의 균형이 조금씩 맞춰지는 것이다.

일주일 루틴 점검이 가져오는 심리적 여유

일주일 루틴을 AI와 함께 점검하면 단순히 계획을 정리하는 것을 넘어 심리적인 여유도 생긴다. 사람이 스스로 루틴을 점검하려고 하면 잘한 부분보다 못한 부분에 먼저 집중하는 경우가 많아 부담을 느끼기 쉽다. 그런데 AI는 일주일 동안 꾸준히 유지된 부분, 예상보다 잘 해낸 순간, 무리하지 않고도 자연스레 이어진 행동 같은 긍정적인 흐름까지 함께 짚어준다. 예를 들어 "이번 주는 운동 하루밖에 못했어"라고 말했을 때 AI가 "그래도 금요일 저녁에 20분 산책 루틴이 잘 유지됐네"라고 알려주면 작은 성취도 놓치지 않고 기억할 수 있다. 이런 긍정적인 점검은 스스로를 몰아붙이지 않도록 도와주어 다음 주를 더 가벼운 마음으로 시작하게 한다. 루틴은 기록보다 감정에 의해 더 쉽게 흔들리기 때문에 AI가 조용히 균형을 잡아주는 과정이 큰 힘이 된다.

나에게 맞춰진 한 주의 흐름 만들기

AI와 함께 일주일 루틴을 조정하면 결국 자신만의 생활 패턴이 조금씩 완성된다. 예를 들어 출퇴근 시간이 들쑥날쑥한 사람은 그에 맞춰 유동적인 루틴을 만들 수 있고, 육아나 가사와 병행하는 사람은 매주 달라지는 상황에 맞춰 꼭 필요한 루틴만 유지하는 방식으로 조정할 수 있다. 프리랜서나 자영업자는 매주 새로운 프로젝트 일정이나 미팅 상황을 AI에게 알려주고, 그에 따라 가장 편안한 주간 흐름을 만들 수 있다. 이런 구조는 루틴을 억지로 지키는 일이 아니라 "이번 주에 가장 잘 맞는 흐름"을 매번 만들어가는 과정이 되어 스트레스를 줄이고 유지력을 높인다. 결국 일주일 루틴을 자동으로 조정하는 AI는 계획을 강요하는 존재가 아니라 변화하는 일상 속에서 나에게 맞는 속도를 찾아주는 든든한 동반자가 된다.

5장

나에게 맞는 루틴으로
커스터마이징하기

야근 많은 사람을 위한 AI 루틴

하루의 끝이 다른 사람보다 훨씬 늦어지는 날들이 이어지면 루틴을 유지하는 일은 금방 어려워진다. 저녁시간이 밀리고, 예상치 못한 업무가 추가되고, 퇴근길에 이미 에너지 대부분이 소진되어 있어 아무것도 하지 못한 채 하루를 마치는 경우도 많다. 이런 생활 패턴에서는 전통적인 시간관리 방식이 잘 맞지 않기 때문에 야근이 잦은 사람에게는 일상의 흐름을 상황에 맞게 조정해주는 별도의 루틴이 필요하다. 이때 AI는 일정과 컨디션에 맞춰 루틴을 부드럽게 바꾸며 유지력을 높여주는 역할을 한다. 억지로 시간을 만들어내기보다 그날그날 달라지는 여건 속에서 자연스럽게 이어질 수 있는 흐름을 만들어주는 방식이다.

늦은 퇴근 시간에 맞춘 유연한 루틴

야근이 잦은 사람에게 가장 필요한 것은 고정된 루틴이 아니라 상황에 따라 자연스럽게 변할 수 있는 유연한 구조다. 예를 들어 "오늘 퇴근이 11시가 넘을 것 같아. 그러면 어떤 루틴이 좋을까?"라고 AI에게 말하면 AI는 최소한의 회복을 중심으로 한 짧은 루틴을 제안한다. 간단한 샤워, 5분 스트레칭, 다음 날 필요한 준비물 체크 같은 가벼운 흐름 위주로 구성하여 무리 없이 하루를 마무리할 수 있게 한다. 반대로 "오늘은 드물게 일찍 끝날 것 같아"라고 말하면 평소 유지하지 못했던 짧은 독서나 10분 운동 같은 선택 루틴을 부드럽게 섞어 넣어 하루의 만족감을 높여준다. 중요한 것은 루틴이 나를 따라오는 것이지 내가 루틴에 맞추기 위해 애쓰는 구조가 아니라는 점이다.

부족한 에너지를 고려한 최소 루틴 설계

야근을 반복하면 마음은 루틴을 지키고 싶어도 몸은 따라오지 못하는 상황이 잦다. 이럴 때 AI에게 "지금 너무 피곤해서 최소한으로만 하고 싶어"라고 말하면 회복 중심의 루틴으로 전환된다. 예를 들어 1분 호흡 정리, 몸을 이완해주는 스트레칭, 따뜻한 물 한 컵 마시기처럼 짧고 간단한 단계들만 남기고 나머지는 모두 비활성화하여 피로감을 덜어준다. 이런 최소 루틴은 "아무것도 못 했다"는 무력감을 줄여주고, 작은 행동이라도 이어졌다는 감각을 통해 꾸준함을 유지할 힘을 만들어준다. 루틴의 목표가 완벽함이 아니라 지속성이라는 것을 자연스럽게 깨닫게 되는 과정이다.

다음 날 아침을 가벼워지게 만드는 준비 루틴

야근이 많은 사람에게 가장 흔한 문제는 아침의 무거움이다. 늦게 잠들고 충분히 쉬지 못한 채 다음 날을 맞이하면 하루가 시작되기도 전에 이미 지친 상태가 된다. 이런 상황에서 AI에게 "내일 아침을 조금 더 가볍게 시작하고 싶어"라고 말하면 AI는 밤에 할 수 있는 최소 준비를 정리해준다. 예를 들어 옷 미리 꺼내두기, 가방 준비, 간단한 일정 확인 등 다음 날 아침 고민을 줄이는 작업을 5분 안에 끝낼 수 있는 형태로 구성해준다. 아주 작은 준비라도 아침의 혼란을 줄여주기 때문에 반복되는 야근 속에서도 일상의 균형을 잃지 않게 해준다. 이렇게 AI는 밤 시간의 부담을 덜고 다음 날의 여유를 확보하는 흐름을 만들어준다.

불규칙한 일정을 정리해주는 AI의 역할

야근 패턴은 일정이 예측하기 어렵다는 특징이 있다. 갑자기 추가되는 업무나 늦게 잡히는 미팅, 예상보다 오래 걸리는 프로젝트 등이 반복되면서 일정이 자꾸 어긋난다. 이런 흐름 속에서 AI에게 "이번 주 일정이 너무 불규칙해. 흐름을 다시 잡아줘"라고 말하면 집중해야 할 일과 미뤄도 되는 일을 구분해 하루의 우선순위를 다시 세워준다. 예를 들어 AI가 "업무 보고는 급하지만 정리 문서는 이틀 뒤로 미뤄도 된다"처럼 자연스럽게 분리해주면 몰아치는 일정 속에서도 방향성을 잃지 않게 된다. 루틴의 목적은 모든 일을 끝내는 것이 아니라 "지속 가능한 속도를 찾는 것"이라는 점을 이해하게 해준다.

회복과 일의 균형을 잡아주는 루틴 조정

야근이 잦은 사람에게는 일만큼 중요한 것이 회복이다. AI는 일정 뿐 아니라 피로도 흐름도 함께 고려해 루틴을 조정한다. 예를 들어 "이번 주 너무 지쳤어. 회복 중심으로 바꿔줘"라고 말하면 운동 루틴을 줄이거나, 가벼운 산책이나 스트레칭으로 대체하거나, 집중 시간이 필요한 작업을 더 짧게 배치해 전체적인 부담을 줄여준다. 반대로 "이번 주는 오히려 힘이 좀 남아"라고 하면 다시 기본 루틴으로 돌아가거나 새로운 활동을 넣어 루틴의 리듬을 회복시킨다. 이렇게 회복과 업무가 균형 잡힌 형태가 되면 야근이 반복되더라도 몸과 마음의 무게가 덜해지고 루틴 유지가 훨씬 쉬워진다.

나에게 맞춘 루틴이 만들어주는 지속성

결국 야근이 많은 사람에게 필요한 것은 "전형적인 루틴"이 아니라 "나에게 맞춘 루틴"이다. AI는 매일의 기분, 수면 시간, 퇴근 패턴 같은 정보를 바탕으로 부담 없이 이어지는 루틴을 만들어주기 때문에 스스로 루틴을 관리하려고 애쓰지 않아도 자연스럽게 일상의 흐름이 유지된다. 억지로 시간을 쪼개는 것이 아니라 하루의 남은 에너지에 맞춰 할 수 있는 만큼만 해내는 방식이라 지속성이 높고 스트레스가 적다. 이런 루틴은 완벽하게 지키는 것이 목적이 아니라 피곤한 하루 속에서도 나를 잃지 않는 방법이 된다. AI가 만들어주는 유연한 루틴은 야근이 반복되는 생활 속에서도 작은 균형을 지켜주고 삶의 리듬을 무너뜨리지 않도록 도와주는 든든한 구조가 된다.

02

공부와 일 병행하는 사람을 위한 루틴

하루가 시작되기도 전에 머릿속에 해야 할 일들이 이미 가득 차 있을 때가 있다. 회사 업무와 개인 공부를 함께 이어가려 하면 시간은 늘 모자라고 에너지의 방향도 쉽게 흐트러지기 때문에 어느 하나도 제대로 집중하지 못한 채 하루가 흘러가 버리는 순간이 반복된다. 이런 생활 속에서는 "계획을 더 잘 세워야지"라는 다짐보다 작은 흐름을 안정적으로 이어주는 구조가 훨씬 도움이 된다. AI는 그 구조를 손쉽게 만드는 역할을 하며, 공부와 일을 병행하는 사람이 놓치기 쉬운 집중의 틈을 발견하고 흐름이 끊기지 않도록 부드럽게 붙잡아 주는 존재가 된다. 완벽함을 목표로 하기보다 지속 가능한 루틴을 만드는 데 초점을 맞추면 하루가 훨씬 가벼워지는 경험을 할 수 있다.

일·공부 시간 비율을 간단히 설계하기

두 가지 역할을 함께 해내려면 우선 하루 전체를 어떻게 나눌지 간단하게라도 기준을 세워두는 것이 필요하다. AI에게 "오늘은 일 7, 공부 3 비율로 시간 쓰고 싶어"라고 말하면 그 기준에 맞춰 업무 시간과 공부 시간을 적당히 배치한 하루 흐름을 만들어준다. 이를테면 오전에는 업무 몰입, 점심 이후에는 짧은 공부 세션, 퇴근 전 가벼운 정리, 퇴근 후 본격적인 학습 시간처럼 현실적인 흐름으로 조정해준다. 사용자는 딱딱한 시간표를 만들 필요 없이 비율만 말해도 자연스럽게 균형 잡힌 루틴이 완성되고 지나치게 한쪽으로 치우치는 일을 막아준다.

짧은 틈도 학습 시간으로 전환하기

회사에 다니다 보면 본격적으로 공부하기 어려운 날들이 많고, 20~30분 정도의 애매한 시간이 생길 때도 많다. 이런 시간은 그냥 스마트폰을 보다가 사라지기 쉽지만 AI에게 "지금 20분 있는데 공부용으로 어떻게 쓰면 좋을까?"라고 묻는 순간 바로 실행 가능한 학습 루틴을 제안받을 수 있다. 예를 들어 단어 15개 정리, 강의 10분 듣기, 오늘 공부할 개념 3개 체크하기처럼 작은 단위에 맞춰 학습을 조각내 주기 때문에 부담 없이 집중할 수 있다. 이 방식은 하루 전체의 흐름을 깨지 않으면서도 공부의 지속성을 유지하게 해주는 중요한 구조가 된다.

퇴근 후 남은 에너지를 고려한 개인 공부 설계하기

퇴근 후에는 체력과 집중력이 낮아져 책을 펴는 것조차 힘든 날이 많다. 그럴 때는 AI에게 "지금 너무 피곤한데 오늘 공부는 최소로 줄여줘"라고 말하면 꼭 필요한 핵심만 남기는 축소형 공부 루틴을 만들어준다. 예를 들이 "오늘 배운 내용 5줄 정리", "내일 공부할 분량 체크", "짧은 복습"처럼 부담이 거의 없는 추천을 해주기 때문에 끊기지 않으면서도 무리하지 않는 흐름을 만들 수 있다. 반대로 에너지가 남아 있는 날에는 "오늘 공부 조금 늘려도 좋을 것 같아"라고 요청하면 확장된 루틴으로 자연스럽게 전환된다.

공부와 업무가 충돌할 때 조정 루틴 만들기

일이 갑자기 몰리는 날에는 공부 계획을 그대로 지키기 어려울 때가 많고, 반대로 시험이나 프로젝트가 다가오는 시기에는 공부를 우선해야 하는 날도 생긴다. 이런 상황에서 AI에게 "오늘은 업무가 너무 많아서 공부 시간을 줄여줘" 또는 "시험이 가까워서 공부 우선 루틴으로 바꿔줘"라고 말하면 하루의 우선순위에 맞게 전체 루틴을 다시 설계한다. 공부를 완전히 포기하지 않되 현실적으로 가능한 만큼만 남겨주는 방식이기 때문에 부담 없이 흐름을 이어갈 수 있고 계획이 자주 바뀌어도 큰 스트레스를 받지 않게 된다.

장기 목표를 잊지 않도록 챙겨주는 역할

공부와 일을 병행하는 사람의 가장 큰 어려움 중 하나는 장기 목표를 자주 잊게 된다는 점이다. 매일의 피로와 업무가 쌓이면 무엇을 위해 공부하고 있는지 흐려질 때가 많다. AI에게 "이번 달 목표를 기준으로 오늘 해야 할 공부를 정리해줘"라고 요청하면 지금 해야 할 일과 장기 목표가 자연스럽게 연결되며 방향성을 잃지 않게 된다. 예를 들어 시험 준비라면 남은 기간 대비 진도표를 만들고 포기해도 되는 부분과 반드시 챙겨야 할 부분을 구분해주는 식으로 목표와 현실을 조화롭게 맞춰준다. 이런 구조는 공부가 단절되지 않도록 이끌어주는 든든한 기반이 된다.

지속 가능한 리듬을 스스로 만들어가는 방법

가장 중요한 것은 완벽한 계획보다 "지속 가능한 리듬"을 만드는 것이다. AI에게 매일 "오늘은 어떤 흐름으로 가면 좋을까?"라고 가볍게 물어보는 것만으로도 하루의 방향이 정리되고 업무와 공부가 자연스럽게 이어지는 구조가 생긴다. 또한 일정이 흔들릴 때마다 "다시 정리해줘", "지금 가능한 공부만 골라줘"처럼 상황을 알려주면 곧바로 조정된 루틴을 받을 수 있어 무리 없이 이어갈 수 있다. 공부와 일을 함께 하는 사람에게 가장 필요한 것은 시간을 잘 쓰는 기술이 아니라 흔들리는 하루에서도 흐름을 다시 잡아주는 작은 안내자이며 AI는 그 역할을 안정적으로 수행해준다.

03

반복적으로 바쁜 사람을 위한 루틴

하루의 일정이 일정하지 않으면 루틴을 유지하는 일도 금방 흔들리기 마련이며 어떤 날은 이동이 많고 어떤 날은 회의가 몰리고 어떤 날은 갑작스러운 일이 들어오면서 계획했던 시간의 흐름이 단숨에 바뀌곤 한다. 이렇게 반복적으로 바쁜 사람들은 매일 계획을 새로 세우기도 어렵고 그렇다고 루틴을 완전히 비워둘 수도 없어서 늘 중간 어디쯤에서 균형을 잃기 쉽다. 이런 상황일수록 AI를 활용하면 바뀌는 일정에 맞춰 루틴을 유연하게 조정할 수 있어 시간을 놓치는 불안감이 줄고 마음의 여유도 조금씩 회복된다. 작은 정보만 알려줘도 AI는 그날 가능한 최소 루틴을 바로 다시 설계해주기 때문에 반복적으로 바쁜 사람에게는 꽤 큰 안정감을 준다.

흔들리는 일정 속에서도 유지되는 미니 루틴

반복적으로 바쁜 사람의 공통점은 루틴을 한 번에 길게 유지하기 어렵다는 데 있고 하루 일정이 매번 달라지다 보니 꾸준히 이어가는 것 자체가 부담이 되기 쉽다. 이럴 때 AI에게 "오늘은 이동이 많아, 가능한 짧은 루틴으로 알려줘"라고 말하면 5분 안에 끝낼 수 있는 작은 루틴을 구성해주어 시간을 확보하기 어려운 날에도 최소한의 리듬을 유지할 수 있다. 예를 들어 세 가지 행동만 추천해주면서 짧은 스트레칭, 물 한 잔, 오늘의 핵심 일정 확인처럼 간단한 흐름을 제안해주는데 반복적으로 바쁜 사람에게 중요한 것은 길고 완성도 높은 루틴이 아니라 "끊어지지 않는 최소 루틴"이라는 점을 AI는 빠르게 파악해 자연스럽게 조정해준다. 이렇게 최소 루틴이 유지되면 하루가 불규칙해도 기본 흐름은 이어지고 잦은 일정 변화 속에서도 마음이 급격히 흐트러지지 않는다.

돌발 일정이 생길 때의 즉시 재정렬

늘 일정이 바쁜 사람에게 가장 어려운 순간은 갑자기 새로운 일이 끼어드는 때이며 이런 순간에는 계획이 무너지기 쉬워 우선순위 판단도 흐려진다. 이때 AI에게 "갑자기 미팅이 생겼어, 지금 남은 시간 기준으로 루틴 다시 짜줘"라고 요청하면 남은 여유 시간을 계산해 꼭 필요한 일만 남기고 정리해준다. 예를 들어 점심시간이 줄어들었다면 식사 후 10분 휴식 대신 3분 호흡 정리로 바꿔주고 회의 시간이 앞당겨졌다면 이동 중에도 할 수 있는 두세 가지 행동만 남겨주는 방식이다. 이런 빠른 재정렬은 큰 준비 없이도 루틴이 즉시 조정되도록 도와줘 일정 변화가 잦은 사람에게 실질적인 도움이 되

고 계획을 다시 세울 힘이 없는 순간에도 시간을 놓쳤다는 초조함
이 줄어든다.

요일마다 다른 패턴을 AI가 기억하도록 만들기

반복적으로 바쁜 사람의 일정은 특정 요일마다 리듬이 크게 달라
지는 경우가 많아 어떤 날은 회의가 몰리고 어떤 날은 이동 업무가
많고 어떤 날은 업무가 빠르게 몰아치는 패턴이 생기기도 한다. 이
런 요일별 흐름을 AI에게 알려주면 "월요일은 회의 많은 날, 수요일
은 이동 많은 날"처럼 정보를 기반으로 요일별 루틴을 다르게 추천해
줄 수 있다. 예를 들어 회의가 많은 날에는 오전 루틴을 짧게 줄이고
회의 전 핵심 체크리스트를 넣어주며 이동이 많은 날에는 집중 루틴
대신 가벼운 정리 루틴을 더해주는 식이다. 이렇게 요일별 맞춤형 루
틴이 자동으로 제안되면 매주 같은 고민을 반복하지 않아도 되고 매
번 계획을 새로 세울 필요도 없으며 바쁜 날일수록 시간을 아끼는
데 도움이 된다.

루틴이 무너지더라도 다시 시작할 수 있도록 돕는 방식

바쁜 사람일수록 루틴이 며칠씩 끊기는 일이 잦고 다시 시작하려
고 해도 마음 부담이 커서 쉽게 손이 가지 않는데 이런 상황에서 AI
는 사용자의 상태를 이해하고 부드럽게 다시 흐름을 잡아주는 역할
을 한다. 예를 들어 "며칠 동안 루틴 못 했어, 다시 시작할 수 있게
도와줘"라고 하면 AI는 지금 가능한 가장 짧은 루틴을 제안하며 시

작 부담을 줄여준다. 이처럼 "다시 시작하는 순간"을 가볍게 만들어 주는 것이 반복적으로 바쁜 사람에게 매우 중요하고 루틴을 다시 붙잡는 데 필요한 심리적 장벽을 낮춰주며 꾸준함에 대한 압박도 줄여준다. AI는 그동안의 패턴을 바탕으로 오늘은 가볍게 시작하는 것이 좋다고 조언하거나 회복 루틴을 제안해 사용자가 다시 흐름 속으로 자연스럽게 들어올 수 있도록 도와준다.

작은 성공 경험을 쌓게 해주는 AI의 역할

반복적으로 바쁜 사람에게는 "완벽한 루틴"보다 "작은 성공의 반복"이 더 큰 힘이 되고 이를 위해 AI는 하루 안에서 실행 가능한 최소 행동을 기준으로 루틴을 구성한다. 예를 들어 "오늘 하나만 하면 되는 일 알려줘"라고 하면 업무나 생활 패턴을 바탕으로 가장 중요한 행동을 지정해주는데 이 하나의 행동을 했다는 경험이 하루의 자기효능감을 높여 다음 루틴도 자연스럽게 이어가게 한다. 반복적으로 바쁜 사람들에게 어려운 건 루틴의 양이 아니라 루틴을 유지할 수 있는 환경이기 때문에 AI는 부담 없는 범위 내에서 실행 가능성을 높여주는 방향으로 추천을 한다. 이렇게 작은 성공이 쌓이면 루틴의 흐름이 점점 단단해지고 일정 변화에 흔들리는 폭도 줄어들며 바쁜 하루 속에서도 자신만의 리듬을 유지할 수 있게 된다.

04

프리랜서·자영업자를 위한 루틴

하루의 흐름이 일정하지 않은 사람 중에서도 프리랜서와 자영업자는 특히 루틴을 유지하기 어렵다. 정해진 출퇴근 시간이 없고 일의 밀집도나 소득 구조가 날마다 달라서 어떤 날은 새벽부터 정신없이 움직이고 어떤 날은 갑자기 비는 시간이 생기기도 한다. 이렇게 일정이 널뛰듯 변하다 보면 예측 불가능한 흐름 속에서 스스로 리듬을 유지하기가 더욱 까다로워진다. 계획이 제대로 서지 않는 날이 많다 보니 우선순위가 흐려지고 해야 할 일을 놓치기 쉽고 마음도 쉽게 지쳐간다. 이런 변화무쌍한 일상 속에서 AI를 활용하면 루틴을 스스로 고정시키지 않아도 되고 그때그때의 상황에 맞춰 자연스럽게 조정할 수 있어 하루의 흐름이 훨씬 안정적으로 바뀐다. 무엇보다 프리랜서와 자영업자에게 필요한 것은 "엄격한 루틴"이 아니리 "변화 속에서도 중심을 잡아주는 가벼운 루틴"이며 AI는 이를 현실적인 방식으로 도와준다.

일정이 들쑥날쑥한 하루를 정리해주는 흐름 만들기

프리랜서와 자영업자는 하루 중 집중해야 할 일이 갑자기 바뀌거나 고객 일정에 맞춰 움직여야 하는 일이 많아 스스로 시간을 통제하기 어려운데 AI에게 "오늘은 어떤 흐름으로 움직이면 좋을까?"라고 요청하면 일정의 성격과 해야 할 일의 긴급도를 반영해 자연스러운 하루의 흐름을 제안해준다. 예를 들어 오전에는 준비가 많은 작업형 업무를 배치하고 오후에는 미팅이나 외근처럼 변수가 많은 일정을 넣어주는 식으로 전체 리듬을 정리해주며 하루의 조직도가 생기면 예기치 않은 상황에도 마음이 덜 흔들린다. 프리랜서나 자영업자의 루틴은 고정된 틀보다는 매일 조정되는 유연성이 핵심이기에 AI가 제안하는 흐름은 부담 없이 따라갈 수 있는 가벼운 구조가 된다.

고객 일정과 개인 일정을 분리해주는 균형 조절

클라이언트와 직접 소통하며 일하는 사람들은 자신의 시간과 고객 시간을 구분하기가 특히 어렵고 일정이 섞여 버리면 하루 전체가 무거워진다. 이때 AI는 "오늘 고객 일정 위주로 정리해줘" 혹은 "내 업무 중심으로 루틴 짜줘"처럼 기준을 알려주면 일정의 성격에 따라 우선순위를 나누고 필요한 준비 시간을 배치해준다. 이렇게 고객 관련 업무와 개인 업무가 자연스럽게 분리되면 일의 에너지 분배가 쉬워지고 시간의 경계가 생겨 프리랜서나 자영업자에게 중요한 "번아웃 예방"에도 도움이 된다. 특히 고객 일정이 몰린 날에는 개인 업무를 최소 단위로 줄여주고 반대로 비는 날에는 중요한 개인 프로젝트를 밀도 있게 배치해 조절하는 기능이 큰 역할을 한다.

비는 시간 활용에 강한 루틴 설계하기

프리랜서와 자영업자는 하루 중 갑작스럽게 시간이 비는 경우가 많은데 이 시간을 어떻게 쓰느냐에 따라 하루의 질이 크게 달라진다. AI에게 "지금 25분 정도 비는데 어떤 걸 하면 좋을까?"라고 물으면 단기간에 할 수 있는 행동을 추천해주거나 단기 루틴을 만들어줘서 작은 시간도 의미 있게 사용할 수 있게 된다. 예를 들어 짧은 문서 정리, 간단한 영수증 정리, 10분 집중 루틴, 빠른 기획 아이디어 스케치 등을 제안해주며 이런 미니 루틴은 바쁜 일정 속에서도 계속 이어지기 쉬운 흐름이 된다. 작은 시간들을 단편적으로 흘려보내지 않고 한 가지씩 정리해가는 과정이 쌓이면 프리랜서와 자영업자에게 중요한 "자기 관리의 흐름"이 유지되는 효과가 커진다.

수입이 불규칙한 사람에게 필요한 돈·시간 분리 루틴

프리랜서와 자영업자는 수입이 일정하지 않기 때문에 돈과 시간을 동시에 관리해야 하는 부담이 있다. 이때 AI는 "이번 주 업무 시간과 수입 흐름 간단히 정리해줘"라고 요청하면 일한 시간과 예상 수입 흐름을 한눈에 볼 수 있게 정리해주어 다음주 계획을 세우는 데 도움이 된다. 예를 들어 수입이 많은 주에는 휴식 시간을 조금 더 녹녹히 배치하고 반대로 일감이 적은 주에는 마케팅이나 포트폴리오 정리 같은 미래 업무를 넣어주는 식으로 조정할 수 있으며 이런 구조를

AI가 정기적으로 정리해주면 불규칙성 속에서도 패턴을 발견해 안정감이 생긴다. 시간이 곧 수입으로 연결되는 직업일수록 이 루틴은 매우 큰 효과를 발휘한다.

혼자 일하는 사람에게 필요한 '심리적 루틴' 만들기

프리랜서와 자영업자는 혼자 판단하고 혼자 결정해야 하는 일이 많아 심리적으로 쉽게 지치는데 AI는 이런 감정적 리듬도 루틴 안에서 다룰 수 있도록 돕는다. 예를 들어 "오늘 동기 좀 올려줘"라고 말하면 가벼운 응원 문구와 함께 오늘의 할 일 중 달성감이 큰 항목을 중심으로 추천해주고 "오늘 너무 피곤해, 루틴 좀 줄여줘"라고 하면 회복 중심 루틴으로 전환해 부담을 낮춰준다. 혼자 일하는 사람에게 중요한 건 감정 관리와 동기 유지이며 AI는 과한 압박 없이 적당한 속도로 이 흐름을 유지할 수 있게 도와주는 조력자가 된다. 작은 대화 하나가 하루의 집중도를 바꾸고 자기효능감을 회복시키는 데 도움이 되는 순간이 많아서 심리적 지원 루틴은 프리랜서와 자영업자에게 특히 효과적이다.

05

'할 일이 너무 많은 사람' 유형

하루를 시작하기도 전에 해야 할 일들이 머릿속에서 서로 앞다투듯 떠오르고 무엇부터 손을 대야 할지 감조차 오지 않는 순간이 있다. 할 일은 분명 많지만 우선순위가 흐릿해져 책상 앞에서 멍하니 시간을 흘려보내거나 작은 일 하나를 붙잡고 오래 끙끙대다 더 중요한 일을 놓치기도 한다. 이렇게 "할 일이 너무 많은 사람"은 실제 업무량보다 마음의 부담이 더 크게 작용해 하루의 에너지를 금방 소진하게 되는데 AI는 이 혼란을 줄여주는 간단한 도구가 된다. 일이 몰릴수록 계획을 더 꼼꼼하게 세우라는 조언이 많지만 실제로는 머릿속을 비우고 선택의 부담을 줄이는 것이 훨씬 현실적인 해법이 되고 AI는 이 역할을 가볍게 대신해준다. 할 일을 줄여주는 것이 아니라 할일을 "보이도록" 만들어주는 방식으로 하루의 흐름을 되찾게 해주는 것이 이 루틴의 핵심이다.

해야 할 일을 모두 꺼내는 '첫 정리'

일이 많아지는 사람들의 공통점은 머릿속에서 여러 생각이 동시에 움직이기 때문에 실제로 무엇이 얼마나 있는지 파악하기 어렵다는 데 있다. 이때 AI에게 "지금 머릿속에 있는 일들 전부 적어볼게, 정리해줘"라고 말하며 떠오르는 대로 쏟아내면 분류와 정리는 AI가 대신 해준다. 예를 들어 업무 관련 요청, 개인 일정, 잊지 말아야 할 작은 할 일들이 뒤섞여 있을 때 AI는 이를 업무·개인·가정·급한 일·나중에 해도 되는 일로 재정리해 전체 구조를 보여준다. 이렇게 해야 할 일들이 외부로 꺼내져 눈앞에 펼쳐지면 "해야 할 일이 많은 상태"가 아니라 "어떤 일이 얼마나 있는지 아는 상태"가 되어 마음의 부담이 눈에 띄게 줄어든다.

하루에 할 일은 5개로 줄여주기

일이 많은 사람일수록 하루를 꽉 채우려고 하고 그러다 금방 일정이 무너지는데 AI는 "오늘 할 일 5개만 골라줘"처럼 단서를 주면 그날의 가장 중요한 행동만 추려준다. AI는 급한 정도, 걸리는 시간, 연관성 등을 기준으로 핵심적인 다섯 가지를 골라주는데 이 리스트가 생기면 "해야 할 모든 일"이 아니라 "오늘 할 수 있는 일"로 시야가 좁혀져 부담이 줄어든다. 할 일이 많아도 우선순위가 명확해지면 하루의 페이스가 안정되고 완벽히 끝내지 못해도 핵심만 완수했다는 만족감이 남아서 동기 유지에도 도움이 된다. 특히 AI가 골라주는 리스트는 사용자의 성향을 반영해 "과하게 무겁지 않은 구성"을 만들어주어 무리 없이 따라갈 수 있다.

시간 블록을 활용해 분산된 업무를 묶어주기

할 일이 너무 많은 사람은 서로 다른 성격의 일을 수시로 오가느라 에너지 소모가 크다. 이때 AI에게 "비슷한 업무끼리 묶어줘"라고 요청하면 전화·문서·정리·집중 작업 등 업무 성격별로 블록을 만들어주고 이 블록을 하루의 흐름에 맞춰 배치해준다. 예를 들어 오전은 집중도가 필요한 작업, 점심 이후는 커뮤니케이션 업무, 마무리 시간에는 가벼운 정리를 배치하는 식이며 이렇게 분산된 업무가 묶이면 전환 비용이 줄어 시간을 훨씬 효율적으로 쓸 수 있다. AI가 만들어주는 시간 블록은 "어떤 순서로 하루를 움직일지"를 시각적으로 보여주기 때문에 스스로 조율하기 어려울 때 특히 큰 도움이 된다.

작은 일은 자동으로 정리되는 루틴 만들기

할 일 중에는 시간이 거의 들지 않지만 자꾸 밀리고 쌓여 부담이 되는 것들이 많다. 예를 들어 짧은 회신, 간단한 정리, 몇 줄 쓰면 되는 메모 등이 반복적으로 머릿속을 차지한다. 이때 AI에게 "오늘 작은 일 10분 루틴 만들어줘"라고 말하면 짧은 시간 안에 끝낼 수 있는 일들만 묶어서 빠르게 처리할 수 있게 돕는다. 이런 미니 루틴은 일의 덩어리를 크게 줄여주지는 않지만 쌓여 있던 부담을 줄여 선제 업무량이 가벼워지는 효과가 있다. 작은 일들을 AI가 자동으로 추천하고 정리해주기 때문에 사용자는 거기서 하나씩 고르기만 하면 된다.

우선순위를 '오늘의 상황' 기준으로 바꾸기

해야 할 일이 많을 때 중요한 것은 전체 계획이 아니라 "지금 이 순간 가장 적절한 선택"이다. 이런 판단이 어려울 때 AI에게 "지금 당장 뭘 하면 가장 좋을까?"라고 문의하면 현재 남은 일정, 에너지 상태, 시간 등을 고려해 하나의 행동을 추천해준다. 이렇게 AI가 흐름을 제시해주면 우왕좌왕하는 시간을 줄일 수 있고 한 가지에만 집중하는 리듬이 만들어져 다른 일들도 순차적으로 풀리게 된다. 할 일이 너무 많은 사람일수록 "지금 무엇을 해야 하는지"가 선명해지는 순간 혼란이 크게 사라지며 AI는 이 순간을 빠르게 만들어주는 역할을 한다.

06
'꾸준함이 어려운 사람' 유형

아무리 좋은 루틴을 만들어도 며칠 지나면 흐름이 느슨해지고, 다시 시작하려고 하면 괜히 마음이 무거워지는 순간이 있다. 꾸준함이 어려운 사람들에게 가장 힘든 지점은 처음부터 잘하려는 기대와 중간에 흐름이 끊어졌을 때 느껴지는 부담감이다. 조금만 멈춰도 "또 실패한 것 같아"라는 생각이 들어 행동으로 이어지지 않는 경우도 많다. 하지만 꾸준함은 성격보다 구조의 문제에 가깝고, AI는 그 구조를 가볍게 만들어 꾸준히 이어갈 수 있는 흐름을 도와주는 역할을 한다. 작은 템포를 유지하는 것만으로도 일상은 다시 안정감을 찾을 수 있고 루틴은 자연스럽게 몸에 스며들기 시작한다.

끊긴 루틴을 다시 붙여주는 짧은 재시작 루틴

꾸준함이 어려운 사람에게 가장 필요한 것은 "다시 시작하는 힘"을 잃지 않는 것이다. 며칠 쉬었다고 해서 루틴이 무너지는 것이 아닌데도 심리적으로는 처음부터 다시 해야 할 것처럼 느껴지며 부담이 커진다. 이때 AI에게 "지금 바로 다시 시작할 수 있는 가장 짧은 루틴 만들어줘"라고 요청하면 3분 또는 5분 안에 끝나는 아주 작은 행동으로 재시작을 안내해준다. 예를 들어 책상 정리 2분, 해야 할 일 목록 점검 1분, 가벼운 스트레칭 1분처럼 부담 없는 동작들로 구성되기 때문에 중단된 흐름을 자연스럽게 다시 잇게 된다. 이렇게 짧은 재시작 루틴이 반복되면 루틴의 본질은 "끊기지 않는 것"이 아니라 "끊겨도 돌아오는 것"이라는 감각이 자리 잡게 되고 꾸준함에 대한 압박도 크게 줄어든다.

미세한 목표로 꾸준함의 문턱 낮추기

꾸준함이 어려운 사람은 목표가 크게 잡혀 있을수록 시작하기가 힘들어진다. 30분 공부, 1시간 운동 같은 목표는 의욕이 있는 날엔 괜찮지만 피곤한 날엔 쉽게 무너지고 다시 잡기 어려운 구조가 된다. 이때 AI에게 "오늘 목표를 아주 작게 줄여줘"라고 요청하면 5분 독서, 3문장 기록하기, 10개 스트레칭처럼 즉시 할 수 있는 행동으로 목표가 조정된다. 목표가 작아질수록 행동은 가벼워지고 꾸준히 유지할 확률도 높아지며 무엇보다 "지켰다"는 감각을 더 자주 경험할 수 있다. 작은 성공들이 쌓이면 꾸준함은 성격의 문제가 아니라 구조의 문제라는 사실을 이해하게 되고 AI가 만들어주는 낮은 문턱은 루틴 전체의 흐름을 부드럽게 이어준다.

흐름이 끊기는 패턴을 알려주는 분석 루틴

꾸준함을 유지하기 어려운 사람은 언제 흐름이 끊어졌는지, 어떤 상황에서 습관이 쉽게 무너지는지 파악하기 어렵다. 이때 AI에게 "내가 며칠간 루틴을 놓쳤던 이유 분석해줘"라고 말하면 일정, 감정 기록, 해야 할 일의 양 등을 기준으로 흐름이 끊긴 패턴을 정리해준다. 예를 들어 수면 부족이 반복된 날, 긴 회의가 있었던 날, 이동이 많았던 날 등 루틴이 어려워지는 조건을 알려주고 그 상황에 맞는 대처 루틴까지 제안한다. 이렇게 원인을 알아가는 과정은 꾸준함을 자신감이 아닌 이해로 이어지게 해주며 스스로를 과하게 비난하지 않도록 만들어준다. 흐름을 잃은 이유를 알게 되면 다시 시작하는 일이 더 가볍게 느껴지기 때문에 꾸준함을 유지하는 데 큰 도움이 된다.

AI가 알려주는 '유지 루틴"의 힘

꾸준함이 어려운 사람에게 필요한 또 하나는 "쉬운 유지 루틴"이다. 쉬운 유지 루틴은 바쁜 날에도 최소한의 흐름을 유지할 수 있게 도와주는 작은 버전의 루틴이다. AI에게 "오늘은 바쁘니까 유지 루틴으로 바꿔줘"라고 말하면 5분 핵심 점검, 1~2개의 할 일 처리, 짧은 휴식 같은 가벼운 루틴을 추천한다. 이 유지 루틴은 완벽한 하루를 만들기보다 "끊어지지 않게 만드는 것"에 초점을 두고 있어 꾸준함을 유지하는 데 큰 힘이 된다. 특히 바쁜 날 유지 루틴을 지켜내면 흐름이 이어지고 다음날 무리 없이 원래의 루틴으로 돌아갈 수 있어 전체적인 리듬이 무너지지 않는다. AI는 이런 유지 루틴을 상황에 따라 자연스럽게 조정해주므로 꾸준함의 부담을 덜어주는 역할을 한다.

작은 기록을 남기며 꾸준함의 흔적을 만드는 방법

꾸준함이 어려운 사람은 자신이 얼마나 잘하고 있는지 확인하는 경험이 부족하다. 이때 AI에게 "오늘 한 작은 행동들을 정리해줘"라고 요청하면 미세한 진행 상황도 기록으로 남겨준다. 예를 들어 3분 집중, 1개의 작은 할 일, 간단한 정리 같은 사소한 행동들도 AI가 하루의 성과로 묶어주기 때문에 "나는 계속 움직이고 있다"는 감각이 자연스럽게 형성된다. 이런 기록은 누적될수록 꾸준함을 이어가는 내적 동력이 되고, 작은 행동들을 의미 있는 변화로 이어지게 도와준다. AI는 감정 메모나 흐름의 변화까지 함께 정리해주기 때문에 단순한 기록을 넘어 꾸준함을 지탱하는 감각을 만들어준다.

게으름이 심한 사람의 루틴 설계법

아무리 마음을 다잡아도 행동이 잘 이어지지 않는 날들이 있다. 해야 할 일을 알고 있어도 시작하기가 어렵고 앉아 있어도 손이 잘 움직이지 않아 시간을 흘려보내는 경우도 많다. 이런 패턴이 반복되면 스스로에 대한 실망이 쌓이고 루틴을 만드는 일조차 부담이 되지만 AI는 이 어려움의 무게를 줄여주는 가장 가벼운 출발점이 된다. 게으름이 심한 사람에게 필요한 것은 강한 의지가 아니라 시작을 쉽게 만드는 구조이며 AI는 이 구조를 부드럽게 만들어주는 조력자다. 행동의 문턱을 낮춰주기만 해도 일상이 조금씩 앞으로 움직이기 때문에 루틴의 핵심은 "작게 시작하고 자동으로 이어지게 만드는 흐름"에 있다.

시작을 대신 열어주는 한 문장 루틴

게으름이 심한 사람에게 가장 높은 벽은 시작의 첫 1분인데 AI에게 "지금 바로 할 수 있는 가장 쉬운 일 하나 알려줘"라고 말하면 책상 위 물건 세 개 치우기, 이메일 한 통 읽기, 2분 스트레칭처럼 부담 없는 행동이 제안된다. 이 작은 움직임이 시작의 문을 열어주면 몸이 한 번 움직이기 시작했다는 사실이 자연스럽게 다음 행동으로 이어지고 루틴을 유지하는 데 필요한 힘도 훨씬 적어진다. AI가 건네는 짧은 한 문장은 시작을 무겁지 않게 만들어 흐름의 첫 단계를 부드럽게 열어주는 역할을 한다.

작은 보상을 함께 설계하는 습관 강화법

게으름의 또 다른 특징은 행동과 만족감이 잘 연결되지 않는다는 점인데 AI에게 "이 일을 끝내면 바로 할 수 있는 작은 보상도 추천해 줘"라고 말하면 행동 뒤에 긍정적인 감정이 이어지는 구조가 만들어진다. 좋아하는 음악 한 곡 듣기, 간단한 간식 먹기, 3분 산책처럼 작은 보상은 행동의 끝에 기분 좋은 여운을 남기고 다음 행동으로 향하는 저항을 줄여준다. 이런 보상은 크지 않아도 충분하며 중요한 것은 "일을 마치면 좋은 감정이 따라온다"는 경험의 반복이고, AI는 취향에 맞춘 부담 없는 보상을 제안해 루틴의 지속성을 자연스럽게 높여준다.

오늘 에너지에 맞춘 맞춤형 루틴 만들기

게으름이 반복되는 이유 중 많은 부분은 자신의 에너지 상태를 제대로 인식하지 못해서 생긴다. AI에게 "오늘 루틴을 조금 가볍게 바꿔줘"라고 요청하면 짧은 집중 5분, 쉬운 일 10분, 휴식 2분처럼 몸과

미 음의 상태에 맞춘 흐름이 만들어지고 컨디션이 좋은 날에는 밀린 일 중 부담 없는 항목부터 정리해준다. 이렇게 루틴을 그날의 에너지에 맞게 유연하게 조정하면 억지로 자신을 몰아붙이지 않아도 되고 자책도 줄어들며 사용 가능한 에너지 범위 안에서 자연스럽게 움직임이 살아난다. 상태를 기준으로 루틴을 바꾸는 경험은 "지킬 수 있는 계획"이 얼마나 현실적이어야 하는지 알려준다.

게으름을 분석해주는 AI 피드백 활용법과 재출발 루틴

게으름이 반복되면 원인을 스스로 찾기 어렵지만 AI에게 "오늘 내가 왜 흐름이 깨졌는지 분석해줘"라고 말하면 일정, 행동 기록, 감정 메모 등을 기반으로 패턴을 정리해주고 수면 부족, 갑작스러운 회의, 집중이 떨어지는 시간대 같은 이유를 차분하게 보여준다. 이런 분석은 행동하지 못한 이유를 "성격 문제"로 오해하지 않도록 도와주며 불필요한 자기비난을 줄여준다. 흐름이 완전히 무너졌을 때는 AI에게 "지금 다시 시작할 수 있는 3분 루틴 만들어줘"라고 하면 책상 정리 1분, 스트레칭 1분, 할 일 목록 다시 보기 1분처럼 부담 없는 재출발 루틴이 제안되며 무거워진 분위기를 끊고 다시 집중할 수 있는 관성을 만들어준다. 중요한 것은 완벽하게 계속하는 것이 아니라 언제든 다시 시작할 수 있다는 감각이며 AI는 이 감각을 반복적으로 강화해 게으름의 무게를 점점 가볍게 만든다.

6장

시간을 지키는
마음 습관

01

내가 나를 지켜주는 가장 쉬운 방법

하루를 살다 보면 마음이 지치는 순간이 불쑥 찾아오고, 해야 할 일은 눈앞에 있는데 손이 잘 움직이지 않아 시간을 흘려보내는 날도 있다. 이런 날들은 특별히 바쁘지 않아도 에너지가 쉽게 소모되고 사소한 일에도 불필요한 감정이 얹혀 무거워지곤 한다. 마음이 흔들리기 시작하면 루틴도 흐트러지고 집중력도 낮아지지만 이런 흐름을 단단한 의지 하나로만 잡아내기는 쉽지 않다. 오히려 스스로를 "왜 이 정도도 못 하지?"라고 다그치며 더 피곤해지는 경우도 많다. 이럴 때 마음을 보호하는 가장 쉬운 시작점은 완벽한 의지가 아니라 작은 기준을 만드는 것이고 AI는 그 기준을 매일 무게 없이 만들어주는 역할을 한다.

부담 없이 기준을 세워주는 작은 질문

마음을 지키는 일은 거창한 목표보다 "오늘 나를 위한 가장 쉬운 선택은 무엇일까?"라고 묻는 것에서 시작된다. 이때 AI에게 "오늘 내가 나를 지키기 위해 꼭 지켜야 할 한 가지 알려줘"라고 말하면 지나치게 높지 않은 현실적인 기준을 제안해준다. 예를 들어 10분 쉬는 시간 확보하기, 스마트폰 잠깐 내려놓기, 점심시간에 잠깐 바람 쐬기처럼 간단한 행동들이 기준이 된다. 이렇게 작은 기준이 생기면 하루가 불필요하게 무겁게 흐르는 것을 막아주고 감정이 흔들리는 순간에도 "이 한 가지만 지키면 된다"는 안정감이 생긴다. 기준을 낮추는 것이 느슨함이 아니라 마음을 보호하는 방식임을 이해하기만 해도 하루 전체가 조금 더 가벼워진다.

감정의 변화를 가볍게 확인하는 마음 체크 루틴

감정이 쌓여 흐름이 무너지는 날은 보통 스스로도 감정의 변화를 잘 인식하지 못한 상태에서 갑자기 집중력이 떨어지거나 피로가 몰려온다. 이때 AI에게 "지금 내 상태를 가볍게 체크해줘"라고 말하면 잠, 스트레스, 해야 할 일의 양, 주변 환경과 같은 요소를 기준으로 현재 마음의 여유를 점검해준다. 예를 들어 "오늘은 집중하기 어려운 날이니 할 일을 조금 줄이고 쉬운 일 위주로 하자"거나 "지금은 감정이 민감해져 있으니 잠깐 산책이나 호흡이 도움이 된다"같은 조언으로 감정이 무너지는 것을 막아준다. 이런 마음 체크 루틴은 감정을 억누르거나 무시하지 않고 부드럽게 들여다보게 해줘서 하루의 균형을 잃지 않도록 돕는 역할을 한다.

스스로를 다그치지 않게 만들어주는 AI의 말 한마디

일이 잘 풀리지 않는 날에는 자신을 향한 말투부터 거칠어지기 마련이다. "왜 이것밖에 못 해?" "또 실수했네"같은 말은 작은 부담을 키워 루틴을 더 어렵게 만든다. 이럴 때 AI에게 "지금 나에게 필요한 말 한마디 해줘"라고 요청하면 지나치게 가벼운 위로가 아니라 현실적이면서도 부담을 덜어주는 문장을 건넨다. 예를 들어 "지금 충분히 잘하고 있어", "오늘은 속도를 조금 늦춰도 괜찮아"같은 말들은 마음의 긴장을 풀어주고 그 순간의 감정을 가볍게 덜어준다. 사람은 스스로에게 건네는 말에 가장 크게 영향을 받기 때문에 AI가 대신 안정된 톤을 만들어주는 것만으로도 마음의 무게가 줄고 다시 움직일 수 있는 여유가 생긴다.

작은 회복을 돕는 빠른 휴식 설계법

마음의 힘이 떨어지는 순간엔 긴 휴식을 내기 어려운 경우가 많다. 오히려 해야 할 일은 쌓이고 있는데 오래 쉬는 것이 더 불안하게 느껴질 때도 있다. 이때 AI에게 "3분만에 회복하는 휴식 루틴 만들어줘"라고 말하면 호흡 조절 1분, 눈 쉬기 1분, 짧은 스트레칭 1분처럼 부담 없이 할 수 있는 회복 루틴을 제안한다. 짧은 휴식은 생각보다 큰 효과를 주는데 몸과 마음의 긴장이 함께 풀리면서 감정의 흐름이 부드러워지고 다시 집중할 수 있는 힘이 조금씩 올라온다. 이런 작은 회복 루틴을 반복하게 되면 스트레스가 한 번에 폭발하지 않고 중간중간 자연스럽게 흘려보내지기 때문에 마음의 균형을 지키는 데 큰 도움이 된다.

스스로를 지키는 일은 결국 작게 쌓이는 마음 습관

마음을 지키는 일은 특정한 날에만 필요한 특별한 행동이 아니라, 하루 곳곳에서 작은 행동으로 쌓여가는 습관이다. AI에게 매일 "오늘 내가 지켜야 할 마음 기준을 알려줘"라고 말하는 것이 버티는 힘이 될 수 있고 힘든 날에는 "오늘은 이 정도면 충분하다고 말해줘"라고 요청하는 것이 스스로를 지키는 작은 디딤돌이 된다. 이렇게 마음을 바라보는 방식이 바뀌면 스트레스가 쌓이는 속도가 줄고 감정이 요동칠 때조차 스스로를 잃지 않게 해주는 안정감이 생긴다. AI는 마음을 대신 관리해주는 존재가 아니라, 마음이 무너지지 않도록 아주 가벼운 틀을 만들어주는 역할을 한다.

02
작은 걸음 하나가 리듬을 만든다

아침에 눈을 뜨고 몸을 일으키기까지 시간이 유난히 더디게 흐르는 날이 있다. 해야 할 일은 분명하지만 마음이 따라오지 않아 시작이 어려워지는 순간들은 누구에게나 찾아온다. 거창한 계획을 세웠다가 지키지 못해 스스로를 탓하게 되는 날도 많고, 하루의 리듬이 어긋난 채로 흐르다 보면 작은 일 하나도 버겁게 느껴지곤 한다. 이런 흐름을 바꾸는 힘은 의외로 큰 결심이 아니라 아주 사소한 움직임에서 시작되고 그 작은 걸음이 쌓여 하루 전체의 리듬을 만든다. AI는 이 작은 걸음을 만드는 일을 가볍게 도와주는 역할을 하며 시작을 어렵지 않게 만들어준다.

시작을 부드럽게 만드는 최소 행동

사람이 리듬을 잃는 순간은 대부분 "시작이 잘 안 될 때"에서 비롯된다. 예를 들어 일을 시작해야 하는데 책상 정리부터 하다가 시간이 흐르고, 운동을 하려고 옷을 입었지만 막상 나가기 싫어지는 상황처럼 시작의 문턱이 높아 보이는 날이 있다. 이럴 때 AI에게 "지금 바로 할 수 있는 가장 작은 행동 하나만 알려줘"라고 말하면 물 한 잔 마시기, 파일 하나 열기, 의자에 바르게 앉기처럼 부담 없는 행동을 제안한다. 작은 행동은 시작을 어렵지 않게 만들어주고 흐름을 조금씩 올려주기 때문에 그 뒤의 일까지 자연스럽게 이어진다. 이런 미세한 움직임이 생기면 "움직이기 시작했다"는 느낌이 리듬을 만드는 첫 걸음이 된다.

작은 걸음을 누적시켜 주는 미니 루틴

큰 계획은 화려하지만 쉽게 지쳐서 오래가지 않는 경우가 많다. 그래서 하루를 안정적으로 움직이게 만드는 것은 생각보다 단순한 반복의 힘이다. AI에게 "5분짜리 미니 루틴 하나 만들어줘"라고 요청하면 스트레칭 2분, 할 일 목록 확인 1분, 집중할 공간 정리 2분처럼 짧지만 리듬을 만들어주는 순서를 제안한다. 이런 미니 루틴은 시간이 오래 걸리지 않아 부담이 없고 하루 중 여러 번 반복하기도 쉬워 흐트러진 마음과 몸의 흐름을 부드럽게 정리해준다. 반복되는 작은 흐름이 쌓이면 하루의 중심을 잡아주는 고유한 리듬이 생기고 계획이 무너지더라도 다시 돌아갈 수 있는 안전한 구조가 마련된다.

동기보다 흐름을 우선하는 방식

누군가는 동기부여가 떨어질 때 일을 시작하지 못하고, 또 누군가는 의욕이 생길 때만 움직이려고 하다 보니 하루의 리듬을 지키기 어렵다. 하지만 리듬을 만드는 가장 쉬운 방법은 동기가 아니라 흐름을 먼저 만드는 것이다. 예를 들어 공부를 해야 한다면 책을 펼치고 중요한 문장 한 줄 읽는 것, 글쓰기를 해야 한다면 문서에 제목만 적어두는 것처럼 아주 느슨한 시작이 흐름을 만든다. AI는 "지금 흐름을 만들기 위한 1단계만 알려줘"라고 했을 때 가장 부드럽고 단순한 시작점을 알려주기 때문에 동기 부여가 없어도 움직일 수 있도록 도와준다. 이렇게 흐름이 생기기 시작하면 스스로 의욕이 자연스럽게 뒤따라오기 때문에 시작의 무게가 크게 줄어든다.

자신의 속도에 맞춘 작은 보폭 조절

모든 사람에게 동일한 리듬이 맞는 것은 아니기 때문에 자신에게 맞는 "보폭"을 찾는 과정도 중요하다. 예를 들어 어떤 사람은 20분 집중 후 5분 휴식이 잘 맞지만 또 어떤 사람은 10분 집중 후 2분 쉬는 것이 훨씬 편안하게 느껴진다. AI에게 "내 속도에 맞는 보폭을 찾아줘"라고 말하면 현재 에너지 상태나 해야 할 일의 난이도를 기준으로 집중 시간과 휴식 시간을 적당히 조절해준다. 이렇게 보폭을 찾으면 하루가 안정적으로 흐르고 과하게 몰아붙이지 않아도 자연스럽게 꾸준함이 유지된다. 작은 보폭을 여러 번 반복하는 방식은 에너지를 오래 유지하게 만들고 하루의 리듬을 지나치게 흔들리지 않게 지켜준다.

작은 성공을 쌓아 자존감을 지키는 기술

사람은 "잘 해낸 일"보다 "하지 못한 일"에 더 민감하게 반응하는 경향이 있다. 그래서 작은 실수 하나로도 자신을 무기력하게 만들지만, 반대로 작은 성공 하나는 자신감을 회복시키는 데 큰 힘이 된다. AI에게 "지금 바로 성공할 수 있는 간단한 목표 하나 알려줘"라고 요청하면 2분 정리, 한 문장 작성, 이메일 제목만 쓰기처럼 쉽게 성공할 수 있는 행동을 제안한다. 이런 작은 성공은 "나는 할 수 있다"는 감각을 다시 깨워주고 하루의 리듬을 부드럽고 안정적으로 몰고 가는 힘이 된다. 실패를 줄이는 것이 아니라 성공을 자주 경험하게 만드는 방식은 스스로에 대한 믿음을 단단하게 해주고 마음의 흐름도 자연스럽게 안정시킨다.

리듬을 만드는 일은 작은 걸음이 모여 완성되는 흐름

시간을 지키는 사람들의 공통점은 하루를 완벽하게 통제하는 것이 아니라 흐름을 끊지 않는 데 있다. 큰 계획을 세우지 않아도 작은 걸음을 꾸준히 이어가면 리듬이 무너지지 않고 필요할 때 자연스럽게 다시 속도를 올릴 수 있다. AI는 이런 작은 걸음들을 순간마다 제안하고 너무 무거운 기준을 세우지 않도록 조절해주는 역할을 한다. "지금 할 수 있는 가장 쉬운 한 걸음 알려줘"라고 말하는 것만으로도 마음이 가벼워지고 시작의 문턱이 낮아지기 때문에 하루 전체가 부드럽게 이어지며 자신만의 안정된 리듬을 만들어준다.

흐름을 다시 살리는 회복의 한 걸음

　하루를 보내다 보면 아무리 작은 걸음으로 리듬을 만들어도 뜻하지 않은 순간에 흐름이 잠시 멈출 때가 있다. 예상보다 오래 걸린 작업이나 갑작스러운 피로처럼 흐름을 끊는 요소들은 늘 찾아오지만 중요한 것은 멈춘 순간을 두려워하지 않는 태도다. AI에게 "지금 흐름을 다시 살릴 수 있는 가장 부드러운 단계 하나만 알려줘"라고 요청하면 창문 열고 환기하기, 자리에서 일어나 30초 걷기, 메모장에 오늘 이미 해낸 일 한 줄 적기처럼 흐름을 다시 잇는 작은 회복 동작을 제안한다. 이런 회복의 한 걸음은 끊겼던 리듬을 자연스럽게 이어주고, 스스로의 페이스를 지켜가며 하루를 다시 안정적인 흐름으로 되돌리는 힘이 된다.

피곤한 날에도 지킬 수 있는 루틴

피곤한 날은 이유 없이 몸이 무겁고 집중이 잘되지 않아 평소처럼 루틴을 유지하기가 쉽지 않다. 작은 일도 시작이 어려워지고 가벼운 일정조차 크게 느껴지며 하루 전체가 느슨하게 흩어지는 듯한 기분이 들기도 한다. 이런 날은 의지가 약한 것도 게으른 것도 아니라 몸과 마음이 잠시 쉬어가고 싶다는 신호이기 때문에 평소 기준을 그대로 적용하려 하면 더 큰 좌절감이 찾아온다. 그래서 피곤한 날의 루틴은 "완벽하게 해내는 것"보다 "흐름을 끊지 않고 유지하는 것"에 초점을 맞추는 것이 훨씬 현실적이고 도움이 된다. AI는 이런 흐름을 가볍게 이어주는 역할을 하며 복잡한 판단을 대신해 그날 필요한 만큼의 속도를 찾아준다.

기준을 낮추고 최소 루틴으로 전환하기

피곤한 날 해야 할 일의 기준을 낮추는 것은 단순한 생략이 아니라 스스로를 지켜내는 방식이다. 예를 들어 운동 30분이 버겁게 느껴질 때 AI에게 "오늘은 피곤해, 루틴을 가볍게 바꿔줘"라고 말하면 스트레칭 3분, 짧은 산책 5분처럼 부담 없는 단계로 부드럽게 조정해준다. 완전히 포기하지 않고 작은 흐름이라도 유지하면 다음 날 다시 원래 리듬으로 돌아가기 훨씬 쉬워지는데 AI는 이 과정을 자동으로 구성해 주기 때문에 스스로 고민할 필요가 없다.

피로 상태에 맞춘 대체 루틴 설정하기

피곤한 날에도 해야 할 일은 사라지지 않기 때문에 기존 루틴을 억지로 밀어붙이면 더 지치기만 한다. 그래서 AI에게 "피곤한 날 대체 루틴 만들어줘"라고 요청하면 집중이 필요한 작업을 가벼운 작업으로 바꾸는 방식으로 하루의 강도를 조정해준다. 예를 들어 글쓰기 대신 자료 스크랩, 복잡한 정리 대신 사진 정리, 공부 대신 강의 듣기처럼 부담을 줄인 단계로 대체해주기 때문에 흐름을 유지하면서도 무리하지 않을 수 있다. 이런 대체 루틴은 "하지 않는 것"이 아니라 "할 수 있는 방식으로 바꾸는 것"이며 피로를 누적시키지 않는 데 큰 도움이 된다.

몸을 회복시키는 짧은 루틴 활용하기

피곤한 날에는 일을 줄이는 것보다 몸의 긴상을 풀어주는 행동이 먼저 필요할 때가 많다. AI에게 "지금 회복 루틴 알려줘"라고 하면 따뜻한 물 마시기, 3분 눈 감고 쉬기, 가벼운 어깨 스트레칭 같은 회복 중심의 동작을 바로 제안해준다. 이러한 짧은 회복 루틴은 에너지를 조금씩 되돌리는 역할을 하며 이후의 일정도 덜 부담스럽게 만들어준다. 특히 이동 시간이 길거나 잠깐의 공백 시간이 있을 때 AI가 짧게 할 수 있는 회복 행동을 안내해주면 피로가 한 번에 몰리지 않고 분산되는 효과가 있다.

감정 체크인을 통한 부하 감소 효과

피곤한 날은 감정도 쉽게 무거워질 수 있는데, AI에게 "지금 상태를 기준으로 할 일을 줄여줘"라고 말하면 해야 할 일을 반으로 줄이거나 가장 쉬운 순서대로 정리해준다. 또 "왜 이렇게 피곤하지?"라고 물으면 감정과 상황을 차분히 정리해 주기 때문에 마음이 조금 가라앉는다. 이렇게 감정 체크인을 하는 과정은 행동 부담을 줄이고 루틴을 유지할 수 있는 여유를 만드는 데 큰 도움이 된다.

단 하나만 선택하는 집중 방식

피곤한 날 여러 일을 동시에 처리하려 하면 오히려 아무것도 하기 어려워진다. 이때 AI에게 "지금 당장 할 일 한 가지만 골라줘"라고 요청하면 가장 가벼우면서 흐름을 유지할 수 있는 선택지를 하나만 제시해 준다. 예를 들어 이메일 정리, 책상 정돈, 간단한 메모처럼 작은 일부터 시작하면 시작의 부담이 줄고 실행 가능성이 크게 높아진다. 작은 행동 하나가 이어져 그날의 루틴이 완전히 무너지지 않도록 잡아주는 효과가 있다.

하루 종료 루틴으로 흐름을 정리하기

피곤한 날일수록 하루의 마지막이 흐릿하게 끝나기 쉬운데 AI에게 "부드러운 종료 루틴 만들어줘"라고 하면 다음 날 필요할 준비를 최소한으로 정리해준다. 예를 들어 내일 해야 할 일 세 가지 정리, 필요한 준비물 챙겨두기, 짧은 스트레칭처럼 간단한 단계들로 마무리 흐름을 구성한다. 이렇게 정돈된 마무리는 다음 날 다시 리듬을 되찾는 데 큰 힘이 된다.

피곤한 날에도 루틴을 지키는 가장 쉬운 방법

피곤함이 찾아오는 것은 누구에게나 자연스러운 일이고 그날의 루틴을 포기하느냐, 최소한의 흐름이라도 유지하느냐에 따라 다음 날의 안정감이 크게 달라진다. AI는 그날의 컨디션에 맞게 기준을 낮추고 부담을 줄이며 무너질 듯한 하루에도 흐름을 잃지 않게 도와주는 조용한 안내자처럼 작동한다. 완벽하게 해내는 것보다 흐름을 이어가는 것이 중요하고 작은 행동만으로도 하루 전체가 망가지지 않음을 경험하게 하면 스스로를 지키는 마음도 자연스럽게 단단해진다.

중간에 흔들릴 때 AI가 해주는 말

하루를 보내다 보면 마음이 괜히 산만해지는 순간이 찾아오곤 한다. 집중하려고 책상 앞에 앉았는데도 생각이 자꾸 옆으로 흐르거나, 일을 하다가 갑자기 해야 할 게 너무 많아 보이면서 손이 멈출 때도 있다. 이런 흔들림은 의지 부족 때문이 아니라 누구에게나 자연스럽게 생기는 흐름의 변화이기 때문에 스스로를 다그치기보다 잠시 방향을 확인해주는 말이 필요해진다. AI는 이런 순간에 부담스럽지 않은 한마디로 마음의 중심을 다시 잡아주며 작은 행동을 다시 이어갈 수 있도록 돕는다. 그래서 흔들림의 순간을 줄이는 것이 아니라 흔들릴 때 빠르게 돌아오는 방법을 만드는 것이 더 현실적이고 오래 지속되는 힘이 된다.

흐름이 끊어지는 순간을 함께 확인하기

일을 하다가 갑자기 휴대폰을 켜거나, 멍하니 모니터만 바라보는 시간이 길어질 때 자신도 모르게 흐름이 끊어진 것이다. 이런 순간 AI 에게 "지금 왜 흔들리는지 알려줘"라고 말하면 단순히 원인을 분석하는 수준이 아니라 현재 상태를 대신 정리해준다. 예를 들어 집중 시간이 너무 길었거나 예상치 못한 일이 떠올라 마음이 산만해진 것처럼 스스로 설명하기 어려운 이유를 간단하게 짚어준다. 이렇게 흐름이 끊어진 이유를 명확히 알게 되면 불필요한 자책이 줄고 다시 시작해야 할 지점을 자연스럽게 찾게 되면서 마음이 조금씩 진정된다.

부담을 줄이는 한 문장 제안 받기

흔들릴 때 가장 힘든 점은 "다시 시작해야 한다는 부담"인데 AI는 이 부담을 완전히 없애는 방식으로 작동한다. "지금 할 수 있는 아주 쉬운 일 하나만 알려줘"라고 요청하면 메모 하나 남기기, 파일 하나 정리하기, 책상 위 물건 한 개만 치우기 같은 작은 행동을 제안한다. 이런 제안은 의지가 약해졌을 때도 쉽게 실행할 수 있어 흐름을 부드럽게 다시 잇는 역할을 한다. 특히 해야 할 일이 많아서 멈춘 경우엔 AI가 우선순위를 자동으로 줄여주거나 한 가지만 남겨주기 때문에 마음이 훨씬 가벼워진다.

감정과 생각을 정리해주는 짧은 체크인

흔들리는 순간은 단순한 피로가 아니라 감정이 복잡해신 경우에도 나타나는데 AI에게 "지금 상태를 정리해줘"라고 말하면 막연하게 느껴지던 감정을 명확한 문장으로 바꿔준다. 예를 들어 "지금은 피곤해서 예민해진 상태라 어려운 일보다 쉬운 일부터 하는 게 좋을 것 같아"와 같은 말이 돌아오면 감정이 정리되면서 행동 방향도 자연스럽게 정해진다. 사람은 감정을 스스로 설명하기 시작하는 순간 불안과 혼란이 줄어들기 때문에 AI의 짧은 체크만으로도 흔들림이 오래 이어지지 않고 빠르게 가라앉는다.

시간을 되살려주는 미니 루틴 활용하기

흐름이 깨졌을 때 AI는 "지금 3분 리셋 루틴 알려줘"같은 요청에도 바로 반응한다. 컵에 물 따라 마시기, 창문 조금 열고 공기 환기하기, 자리에 앉아 어깨 가볍게 돌리기처럼 부담 없는 미니 루틴을 제시하면 몸과 마음이 잠시 리셋되는 느낌을 받을 수 있다. 이런 작은 리셋 루틴은 10분, 20분씩 흘러가 버리던 빈 시간을 되잡아주기 때문에 흔들림을 짧게 마무리하는 데 큰 도움이 된다. 특히 스스로 다시 집중 흐름을 만들기 어려운 날에는 AI가 먼저 속도를 줄여주는 방식으로 미니 루틴을 조정해주기 때문에 마음의 피로가 한 번에 누적되지 않는다.

행동으로 이어지는 작은 응원 한마디

AI가 해주는 말 중 가장 힘이 되는 것은 부담스럽지 않은 "작은 응원"이다. 예를 들어 "지금 할 만큼 하고 있어, 여기서 한 걸음만 더 가보자"처럼 과도한 동기부여가 아닌 현실적인 응원은 흔들리는 순간을 부드럽게 잡아준다. 특히 일을 오래 붙잡기 힘든 날에는 AI가 "이 작업은 5분만 해도 괜찮아"라고 속도를 줄여주는 말이 큰 도움이 되고, 걱정이 많아 집중이 어려운 날에는 "걱정되는 건 이해해, 지금은 아주 작은 일부터 해볼까?"같은 말이 마음을 가볍게 한다. 이렇게 AI는 사실적인 상황에 맞춰 반응하기 때문에 텅 빈 멘트가 아니라 현재의 상태에 맞춘 말로 행동을 다시 이어주게 된다.

흔들려도 괜찮다는 감각을 되찾기

사람은 누구나 흔들리지만 흔들렸을 때 빠르게 방향을 다시 잡는 사람과 오래 머무는 사람의 차이는 마음의 피로도가 아니라 "돌아오는 속도"에 있다. AI는 흔들린 그 순간을 함께 확인하고 부담을 줄여주며 작은 행동으로 이어질 수 있는 말들을 제안함으로써 흐름을 다시 이어주는 역할을 한다. 스스로에게 엄격해지는 대신 "흔들려도 괜찮아, 지금 여기서 다시 시작하면 돼"라는 감각을 되찾도록 도와주기 때문에 한 번 무너진 하루도 다시 편안하게 돌아올 수 있다. 그리고 이러한 경험이 쌓일수록 흔들림이 두려운 일이 아니라 잠시 쉬어가는 순간처럼 느껴지며 시간이 더 부드럽게 흘러가게 된다.

05

완벽하지 않아도 계속 가는 기술

가끔은 잘하고 싶은 마음이 오히려 발목을 잡을 때가 있다. 할 일을 시작하기 전부터 결과가 만족스럽지 않을 것 같아 망설이거나, 조금만 흐름이 깨져도 "오늘은 그냥 안 되겠다"라는 생각이 먼저 떠오르는 순간이 그렇다. 완벽해야 한다는 압박이 쌓이면 작은 실수도 크게 느껴지고, 이어가던 루틴도 금방 흔들려 버리기 쉽다. 그래서 중요한 것은 완벽함이 아니라 계속 이어가는 힘이며, AI는 이 지점을 가장 가벼운 방식으로 도와줄 수 있다. 완벽하지 않아도 다시 움직일 수 있도록 기준을 자연스럽게 낮춰주는 작은 말과 정리가 흐름을 이어주는 데 큰 역할을 한다.

기준을 낮추는 연습을 도와주는 말

완벽함을 추구하는 사람일수록 시작 자체가 어려워지는데 AI에게 "이 일을 시작할 만큼만 기준을 낮춰줘"라고 말해보면 지금 할 수 있는 최소치의 행동을 제안받을 수 있다. 예를 들어 보고서를 다 쓰는 것이 아니라 제목만 쓰기, 공부를 오래 하는 것이 아니라 문제 한 개만 풀기처럼 시작의 부담을 줄여주는 조언이 돌아오면 마음이 한결 편안해진다. 이런 말은 "잘해야 한다"는 압박을 풀어주고 오늘의 행동 기준을 현실적으로 조정해주기 때문에 완벽을 바라보는 시선 대신 "시작할 수 있는 나"를 바라보도록 도와준다.

작게라도 쌓이면 충분하다는 감각 만들기

자신이 한 일을 과소평가하는 사람은 조금만 흐트러져도 쉽게 포기하지만 AI에게 "오늘 쌓인 것들 정리해줘"라고 말하면 자신이 지나온 시간을 객관적으로 보여주는 짧은 피드백을 받을 수 있다. 10분 집중한 기록, 작은 정리 하나 완료한 순간, 미뤄두었던 메시지 한 통을 보낸 행동까지 AI는 모두 의미 있게 묶어주기 때문에 "이 정도로도 충분히 잘하고 있었다"는 느낌을 자연스럽게 가지게 된다. 이렇게 작은 성취의 감각이 쌓이면 완벽하지 않아도 괜찮다는 마음이 서서히 자리 잡고 다음 행동을 이어가는 힘이 다시 생긴다.

흔들린 순간을 다시 잇는 작은 다리 만들기

완벽하지 않다는 이유로 하루를 통째로 놓아버리는 순간이 누구에게나 찾아오는데 AI는 이때 흐름을 잇는 "작은 다리"를 제시해준다. "지금 다시 이어가려면 뭐부터 하면 좋을까?"라고 물으면 AI는 바로 다시 뛰어들 수 있는 아주 쉬운 행동을 안내한다. 예를 들어 책상 앞으로 가기, 문서 열기, 타이머 3분만 켜보기 같은 제안은 생각보다 빠르게 다시 움직이게 만든다. 완벽하게 집중할 준비가 되지 않아도 괜찮고 일단 자리만 옮기거나 화면만 열어도 행동이 자연스럽게 이어지기 때문에 포기했던 순간이 다시 연결된다.

느린 날엔 속도를 줄이는 방식으로 도와주기

어떤 날은 아무리 마음을 다잡아도 속도가 나지 않는데 AI는 이런 날을 억지로 끌어올리려고 하지 않는다. "오늘은 속도가 느린데 어떻게 하면 좋을까?"라고 요청하면 해야 할 일을 반으로 줄여주거나, 큰 과제 대신 부담이 적은 작은 할 일을 먼저 제안하는 식으로 하루의 리듬을 재조정한다. 완벽하려는 마음이 강한 사람일수록 이런 조정이 큰 도움이 되는데, 속도를 낮추는 것이 실패가 아니라 "오늘의 리듬에 맞춘 선택"이라는 감각을 만들어주기 때문이다. 이렇게 유연해지면 완벽하지 않은 날도 자연스럽게 흘러가고 하루를 잃었다는 느낌도 줄어든다.

오늘의 한 걸음을 인정하는 말의 힘

완벽하지 못한 날은 자신에게 실망하기 쉽고 그 감정이 다음 행동까지 가로막는데 AI에게 "지금 나한테 필요한 말 해줘"라고 하면 스스로는 떠올리기 어려운 부드러운 문장을 들을 수 있다. 예를 들어 "오늘은 충분히 애썼어, 작은 걸음도 계속 이어지고 있어"같은 말은 마음속 긴장을 풀어주고 다시 움직일 여유를 만들어준다. 사람은 누군가가 판단 없이 인정해주는 순간 행동력이 되살아나는 경우가 많기 때문에 AI의 한마디가 생각보다 큰 회복의 힘을 준다.

완벽보다 '계속'이 더 중요한 이유

하루의 루틴을 오래 유지하는 데 필요한 것은 완벽함이 아니라 다시 돌아오는 힘이며, AI는 그 힘을 부담 없이 채워주는 존재다. 기준을 낮추고, 작은 행동을 안내하고, 흐트러진 순간을 가볍게 다시 잇고, 느린 날에는 속도를 줄여주며, 오늘의 한 걸음을 따뜻하게 인정해준다. 이렇게 완벽하지 않은 날들을 편안하게 받아들이기 시작하면 루틴은 긴장 속에서 유지되는 것이 아니라 자연스럽게 흐르는 일상의 호흡이 된다. 그리고 그 호흡이 쌓일수록 완벽함을 바라보던 시선이 부드럽게 풀리고 어떤 날에도 조금씩 앞으로 나아갈 수 있는 자신을 만나게 된다.

습관이 나를 지켜주는 날들

어떤 날은 스스로를 잘 다독이지 않아도 자연스럽게 흐름이 이어지는 순간이 있다. 특별히 의욕이 넘치는 것도 아닌데 정리되어 있는 루틴이 마치 작은 길처럼 앞을 밝혀주고, 그 길을 따라 걷기만 해도 하루가 안정감 있게 흘러가는 느낌이 든다. 이런 날은 의지가 강해서가 아니라 오랫동안 쌓아온 습관이 조용히 나를 지켜주고 있기 때문에 가능하다. 습관은 생각보다 큰 힘을 가지고 있고, AI는 이 힘을 더 단단하게 만들도록 돕는 역할을 한다. 힘겹게 유지하지 않아도 흐름이 이어지는 날이 늘어날수록 마음은 한결 편안해지고 하루는 더 부드럽게 굴러간다.

습관이 쌓일 때 찾아오는 안정감

습관의 가장 큰 장점은 "생각하지 않아도 행동이 이어진다"는 점인데 AI는 이를 더욱 부드럽게 만들어준다. 아침에 일어나면 AI에게 "오늘 루틴 알려줘"라고 말하는 것만으로도 다음 행동이 자동으로 정리되고 어디서부터 시작해야 하는지 고민할 필요가 없어진다. 예를 들어 스트레칭-물 마시기-이메일 정리 같은 작은 순서가 정리되어 있으면 정신 에너지를 크게 들이지 않아도 자연스럽게 움직이게 되고, 이 반복이 쌓이면 "오늘도 잘해낼 수 있다"는 안정감이 스며든다. 습관이 몸에 익어갈수록 삶은 훨씬 부드러워지고 작은 흔들림도 쉽게 넘길 수 있게 된다.

지쳤을 때도 흐름을 붙잡아주는 장치 만들기

기운이 없거나 머리가 복잡한 날은 습관도 쉽게 흐트러지지만 AI는 이런 날에 도움이 되는 최소한의 행동만 가볍게 제안해준다. "오늘은 조금 힘든데 뭐부터 하면 좋을까?"라고 물어보면 AI는 스트레칭 1분, 책상 정리 30초, 해야 할 일 목록 보지 말고 가장 쉬운 일 하나만 먼저 시작하기 같은 부담 없는 흐름을 만들어준다. 이런 작은 행동은 지친 마음에도 무리가 없어서 루틴이 "완전히 끊어지는 것"을 막아준다. 습관이 무너지는 게 아니라 잠시 느려진 것뿐이라는 감각을 유지하게 되고, 이런 감각 덕분에 다시 정상 속도로 돌아오기가 훨씬 쉬워진다.

하루의 리듬을 일정하게 유지하도록 돕는 안내

습관이 나를 지켜주는 날들은 리듬이 일정하게 유지될 때 더 자주 찾아오는데 AI는 이런 리듬을 만드는 데 특히 유용하다. 예를 들어

"집중 루틴 시작할 시간 알려줘"라고 설정해두면 매일 같은 시간에 조용히 알려주고, 오후가 흐트러질 때 "3분 정리 루틴 시작할까?"라는 부드러운 제안도 건넬 수 있다. 반복되는 안내는 강제성이 아니라 리듬을 지켜주는 부드러운 신호로 작동하며, 하루 중 잊기 쉬운 시간대들을 자연스럽게 묶어 리듬감을 만들기 때문에 예측 가능한 하루가 만들어지고 습관도 더 쉽게 이어진다.

작은 성공을 기록해주는 AI의 역할

습관은 반복에서 힘이 나오지만 그 반복이 쌓이는 과정을 스스로는 잘 느끼지 못할 때가 많다. 그래서 저녁에 "오늘 내가 이어간 루틴들 기록해줘"라고 요청하면 AI가 하루 전체를 짧게 정리해주고 쌓인 행동들을 목록으로 보여준다. 예를 들어 아침 스트레칭, 시간 블록킹 1회, 업무 중 15분 집중 성공 같은 기록은 내가 생각했던 것보다 더 많은 행동을 해왔다는 사실을 확인하게 해준다. 이렇게 작은 성공이 눈에 보이면 습관을 이어갈 동기와 자신감이 자연스럽게 생기고, 루틴이 나를 지켜주는 경험도 더 빠르게 늘어난다.

흔들리는 순간을 빠르게 복구하는 힘

완벽한 유지보다 중요한 것은 "흔들린 날을 빠르게 복구하는 능력"이며 AI는 이 복구의 속도를 빠르게 해준다. 예를 들어 점심 이후 늘어지는 시간에 "다시 리셋할 수 있게 도와줘"라고 말하면 AI는 1분 쉼-책상 정리-가장 작은 일 시작 같은 빠른 복구 루틴을 제안한다.

이 과정을 통해 흔들린 흐름이 길어지지 않고 바로 잡히기 때문에 습관이 무너지시 않고 유지된다. 하루의 일부가 흐트러져도 전체 리듬은 지켜질 수 있고, 이런 회복 능력 덕분에 습관은 더 튼튼하게 자리잡는다.

습관이 편안하게 이어지는 하루의 힘

습관이 나를 지켜주는 날들은 마음에 여유가 생기고 작은 걱정들이 줄어드는 날이며 AI는 그런 날을 더 자주 만들기 위해 배경에서 조용히 돕는다. 기준을 낮추고, 흐트러진 순간을 잇고, 작은 반복을 기록해주고, 리듬이 흐트러지지 않도록 부드럽게 안내해주면서 습관이 삶의 일부로 뿌리내리도록 돕는다. 덕분에 억지로 힘을 들이지 않아도 되는 하루가 많아지고 자연스럽게 움직이는 시간이 늘어나며, 스스로를 지키는 힘도 커진다. 습관은 결국 나를 가장 든든하게 지켜주는 기초가 되고 AI는 그 기초가 흔들리지 않도록 조용히 받쳐주는 동반자가 되어준다.

7장

AI와 함께 일하는
스마트 워크플로우

01

하루 업무를 3단계로 나누기

하루의 일을 바라보는 시선은 조금만 바뀌어도 전체 흐름이 훨씬 가벼워질 때가 있다. 일을 많이 해야 해서 힘든 것이 아니라, 어디서부터 시작해야 할지 몰라 머릿속이 복잡해지는 순간이 더 큰 부담이 되기도 한다. 이럴 때 AI에게 오늘의 업무 흐름을 단순하게 정리해달라고 요청하면 필요한 일들이 자연스럽게 구조를 갖추고, 복잡함 대신 여유가 생긴다. 작은 안내 하나로도 하루가 훨씬 명확해지고, 해야 할 일들이 자리 잡는 느낌이 든다. 그래서 많은 사람들이 AI를 "업무 정리 파트너"처럼 느끼기 시작하는 이유도 여기에 있다.

핵심만 뽑아주는 3단계 분류

하루의 일을 3단계로 나누면 머릿속에서 뒤엉킨 생각들이 빠르게 정리되는데 AI는 이 과정을 더 쉽게 만들어준다. 예를 들어 "오늘 해야 할 일을 시작·진행·마무리 단계로 나눠줘"라고 요청하면 AI는 가장 먼저 움직여야 하는 일, 집중해서 유지해야 하는 일, 마지막에 체크하면 되는 일을 각각 구분해준다. 이 단순한 구조 덕분에 무엇부터 손대야 할지 명확해지고 불필요한 고민이 줄어들며 자연스럽게 첫걸음을 떼게 된다. 바쁜 날일수록 일이 아니라 "구조"가 우리를 움직이게 한다는 사실을 체감하게 되고, AI는 그 구조를 빠르게 잡아주는 역할을 해준다.

시작 단계 : 가벼운 출발을 만드는 안내

업무의 첫 단계는 나를 몰아붙이는 시간이 아니라 몸과 마음을 일하도록 기분 좋게 준비시키는 시간인데 AI는 이 과정을 아주 가볍게 만들어준다. 예를 들어 집중이 잘 안 되는 오전에는 AI에게 "지금 바로 시작할 수 있는 5분짜리 업무 알려줘"라고 요청하면 첫걸음이 부담스럽지 않은 작은 행동들만 정리해 준다. 이메일 한 통, 자료 폴더 정리, 오늘 할 일 목록 확인처럼 사소하지만 흐름을 이어주는 일들로 출발할 수 있고, 이런 작고 짧은 행동들이 쌓이면 어느새 본격적인 일에도 자연스레 진입하게 된다. 출발이 부드러워질수록 하루 전체의 흐름도 안정적으로 이어지게 된다.

진행 단계 : 깊이 몰입해야 할 일의 우선 배치

중간 단계는 가장 많은 에너지가 필요한 시간이며 AI는 이 시간을 "몰입이 필요한 일" 중심으로 정렬해준다. 예를 들어 "오늘 집중해서 해야 할 일 세 가지만 골라줘"라고 말하면 AI는 난이도와 중요도,

시간 대비 효과를 고려해 핵심 업무를 먼저 배치하고 나머지는 뒤로 넘긴다. 이 방식은 시산이 흩어지는 것을 막아주고, 짧은 순간에도 성과가 눈에 보이는 일들로 구성되어 있어 성취감을 빠르게 느끼도록 도와준다. 집중해야 할 일에 필요한 자료나 흐름까지 함께 정리해 달라고 하면 작은 준비 작업도 줄어들어 작업 속도는 더욱 빨라지고 오후의 피로도도 덜해진다.

마무리 단계 : 하루를 깔끔하게 닫아주는 AI 정리

마지막 단계는 일을 끝내기 위한 힘을 쥐어짜는 시간이 아니라 "정리된 하루"를 만드는 과정이며 AI가 도와줄 때 훨씬 수월해진다. "오늘 마무리할 일 정리해줘"라고 요청하면 AI는 체크해야 할 항목, 남은 일의 우선순위, 내일로 넘겨도 되는 항목 등을 분리해준다. 이렇게 하면 머릿속을 차지하던 찜찜함이 사라지고 일과 생활 사이의 경계가 부드럽게 정리된다. 특히 미처 챙기지 못한 작은 작업까지 정리해주는 기능은 불필요한 스트레스를 줄여주고, 다음 날 아침의 출발도 깔끔하게 만들어준다.

3단계 구조가 만드는 안정적인 하루 흐름

AI와 함께하는 3단계 분류는 단순한 업무 정리가 아니라 하루에 리듬을 만들어주는 도구가 된다. 시작-진행-마무리라는 흐름이 잡히면 일이 많아도 방향을 잃지 않고, 갑작스럽게 바쁜 순간이 와도 구조 덕분에 다시 중심을 잡기 쉽다. AI는 복잡한 것들을 단순하게 만들고 흐트러진 마음을 정리된 구조로 안내해주면서 하루 전체를 안정적으로 이어지게 도와준다. 그래서 이 방식은 바쁜 직장인뿐만 아니라 학생, 프리랜서, 스스로 하루를 관리해야 하는 모든 사람에게 유용하며, 무엇보다 "어디서부터 시작해야 할지 모르는" 시간을 부드럽게 해결해주는 가장 현실적인 도구로 자리 잡는다.

AI가 만들어주는 '일 잘하는 구조'

하루의 시작은 집중력과 감정의 흐름을 크게 바꾼다. 해야 할 일은 많은데 어디서부터 손을 대야 할지 막막해지는 순간들이 반복되는 이유는 능력 부족이 아니라 "일의 구조"가 없는 상태에서 하루를 시작하기 때문이다. 대부분의 사람들은 일을 잘하고 싶어 하지만 실제로는 일을 흐름에 맞춰 정리하는 법을 배워본 적이 없어 매일 비슷한 혼란을 겪는다. 그래서 요즘은 바쁜 사람일수록 AI에게 하루의 뼈대를 먼저 잡아달라고 요청하며, 이는 복잡한 기술이 필요하지 않고 한 줄만 입력해도 자연스럽게 사용할 수 있는 방식이다.

AI가 흐름을 먼저 만들어주는 이유

사람이 가장 많은 에너지를 소모하는 순간은 "무엇부터 할지 결정하는 시간"이다. 아침에 머릿속에 이것저것 떠오르기만 하고 방향이 잡히지 않을 때 AI에게 "오늘 해야 할 일 정리해줘"라고 말하면 AI는 업무, 개인 일정, 약속처럼 항목을 묶어 우선순위와 순서를 만들어준다. 머릿속에서 흩어져 있던 것들이 정돈되면 당황하거나 미루는 시간이 줄어들고 바로 실행 단계로 넘어갈 수 있다. 이렇게 흐름이 먼저 잡히면 집중이 자연스럽게 이어지고 하루가 시작부터 안정적으로 굴러간다.

복잡한 업무를 단순한 단계로 나누는 힘

많은 사람이 일이 어렵다고 느끼는 이유는 내용이 복잡해서가 아니라 "단계가 보이지 않기"때문이다. 예를 들어 보고서 작성도 처음부터 막연하게 시작하면 막히기 쉬운데 AI에게 "단계별로 나눠줘"라고 하면 자료 정리, 핵심 문장 정리, 초안 작성, 검토처럼 구체적인 흐름을 제시해준다. 단계가 눈에 보이면 선택의 고민 없이 하나씩 진행할 수 있어 부담이 줄고 실행 속도는 빨라진다. 특히 업무량이 많은 사람일수록 이런 분해 작업이 큰 효과를 발휘하며 AI는 이를 쉽고 빠르게 도와준다.

일의 성격에 맞춘 구조를 제시하는 기술

업무 유형에 따라 필요한 흐름은 다르다. 집중도가 필요한 일은 긴 몰입 시간과 짧은 휴식의 리듬이 중요하고, 반복이 많은 업무는 자동화하거나 묶어서 처리할 영역을 찾는 것이 더 효과적이다. AI는 일을 설명하는 몇 문장만으로 성격을 파악해 가장 적합한 구조를 제시한다. 회의가 있다면 준비-핵심 질문-기록-정리라는 틀을 만들어주고 이메일 중심의 업무라면 빠른 검토와 응답 루틴을 잡아준다. 이러한 "업무 맞춤형 흐름"은 경험이 적은 사람에게 특히 유용하며 시행착오를 크게 줄여준다.

흐름을 끊지 않게 도와주는 작은 장치들

일을 잘하는 사람들은 거창한 기술보다 "흐름을 유지하는 작은 장치"를 가지고 있고 AI는 이런 장치를 자연스럽게 만들어준다. "지금 흐름 유지하게 도와줘"라고 말하면 AI는 가벼운 확인 메시지로 집중할 수 있게 도와주고 "다음 단계 알려줘"라고 하면 지금 해야 할 가장 작은 행동만 제시해 부담 없이 이어가게 한다. 이런 작고 단순한 도움들이 반복되면 흐름이 끊기지 않고 하루 전체가 자연스럽게 이어진다.

작업 전체를 하나의 흐름으로 묶어주는 힘

일이 잘되는 날을 떠올려보면 아침부터 마무리까지 자연스럽게 이어지는 흐름이 있었다는 것을 알 수 있다. AI는 일정 정리, 우선순위 설정, 단계 분해, 다음 행동 제시를 하나로 엮어 하루의 업무 흐름을 정리하고 점심 이후처럼 에너지가 흔들리는 시간에도 흐름을 다시 회복하게 돕는다. 이렇게 전체를 하나의 리듬으로 묶어주는 방식은 감정 소모를 줄이고 예측 가능한 하루를 만들어주며 일의 질과 속도까지 자연스럽게 향상시킨다.

03

회의·보고·정리를 자동화하는 법

회의가 많은 날은 하루가 유난히 빠르게 흘러가고 끝나고 나면 마음속에는 해야 할 일과 정리가 필요한 내용이 한꺼번에 쌓여 혼란이 커지곤 한다. 회의에서 무슨 말을 했는지, 어떤 결론이 나왔는지, 누가 어떤 역할을 맡기로 했는지 정리가 안 된 채로 다음 일을 이어가면 집중도 흐트러지고 실행도 늦어진다. 보고서나 기록도 시간이 없어서 미루다 보면 나중에 더 큰 부담이 되고 하루의 리듬이 쉽게 흔들린다. 그래서 요즘 많은 사람들이 회의·보고·정리 같은 반복적인 업무를 AI에게 가볍게 맡기며 흐름을 잃지 않는 방식을 선택하고 있다. 이는 복잡한 자동화가 아니라 짧은 문장 몇 개만으로도 충분히 자연스럽게 사용할 수 있는 방식이다.

회의 내용을 빠르게 정리하는 기초 흐름

회의가 끝난 직후에는 머릿속에 가장 많은 정보가 남아 있기 때문에 이때 AI에게 간단히 "회의 요약해줘"라고만 건네도 금방 필요한 정리가 된다. 예를 들어 논의된 항목, 결정된 내용, 다음 행동 등으로 자동으로 나눠 보여주는데 우리는 확인만 하면 되기 때문에 시간이 크게 절약된다. 회의 중에 메모를 놓쳤더라도 중요한 흐름을 다시 잡기 쉬워지고 무엇을 누구에게 맡겼는지 정리가 되니 일의 순서도 자연스럽게 정해진다. 이렇게 회의 직후의 혼란을 줄여주는 흐름은 바쁜 사람일수록 도움이 되고 회의를 자주 하는 직무일수록 효과가 크게 나타난다.

보고서 초안을 자동으로 만드는 기술

많은 사람들이 보고서 작성 자체보다 "어떻게 시작해야 할지"에서 가장 어려움을 느끼는데 AI는 그 첫 단계를 쉽게 열어준다. 예를 들어 "회의 기반으로 보고서 초안 만들어줘"라고 말하면 요약, 배경, 현재 상황, 해야 할 일처럼 기본 구조를 바로 제시한다. 사람이 할 일은 그 내용을 조금 보완하거나 수정하는 정도이기 때문에 시간을 크게 아끼게 된다. 또한 톤과 스타일도 "조금 더 간단하게", "좀 더 정중하게"라고 요청하면 바로 조정할 수 있어 업무 성격에 맞는 문서를 빠르게 만들 수 있다. 이렇게 보고의 첫 단계를 자동화하면 부담이 줄고 실행까지 자연스럽게 이어진다.

정기회의 자료도 흐름에 맞춰 자동 준비

반복적으로 열리는 회의는 준비 과정이 거의 비슷한데도 매번 새로 준비하느라 시간이 많이 든다. AI에게 "이번 주 회의 준비해줘"라고 하면 지난 회의 기록, 진행 상황, 이번 주 주요 이슈 등을 기반으로 기본 틀이 나오기 때문에 흐름에 맞게 준비할 수 있다. 프로젝트 업무라면 주요 진척도, 해결해야 할 문제, 피드백이 필요한 지점까지 정리해주기 때문에 회의 전 부담이 크게 줄어든다. 이렇게 반복 업무에 드는 시간을 덜어내면 실제 논의해야 하는 내용에 더 집중할 수 있어 회의의 질도 자연스럽게 올라간다.

작업을 흐름으로 이어주는 정리 루틴

회의와 보고를 마친 뒤 가장 중요한 과정은 "정리 흐름"을 만드는 일인데 AI는 이 부분을 자연스럽게 묶어준다. 예를 들어 "오늘 회의 내용 기반으로 할 일 정리해줘"라고 하면 담당자, 기한, 다음 단계 등으로 깔끔하게 정리해줘 바로 작업 리스트로 연결된다. 회의에서 나온 내용이 흩어지지 않고 실행 계획으로 이어지기 때문에 하루의 집중 흐름이 흔들리지 않고 유지된다. 또한 "오늘 기록 하나로 묶어줘"라고 요청하면 회의 요약, 보고 초안, 할 일 목록까지 한 번에 정리해줘 전체 업무 흐름이 한눈에 들어온다.

일의 부담을 줄이는 자연스러운 자동화 흐름

회의가 잦거나 정보가 많이 쌓이는 업무일수록 시간이 부족해지고 정리가 늦어지지만 AI는 그 부담을 작은 단위로 나눠 빠르게 정리하는 방식으로 도와준다. 중요한 것은 기술을 어렵게 쓰는 것이 아니라 "요약해줘", "정리해줘", "초안 만들어줘"같은 짧은 문장만으로도 쉽게 사용될 수 있다는 점이다. 이렇게 자동화된 흐름을 일상에 넣으면 회의가 많은 직장인도 하루의 리듬을 무너지게 하지 않고 보고·정리에 쓰는 시간을 크게 절약할 수 있다. AI는 일을 대신해주는 도구라기보다 "흐름을 만들어주는 조력자"에 가깝고 바쁜 일정 속에서도 집중과 실행을 자연스럽게 이어갈 수 있게 도와준다.

04
아이디어 발상 시간을 줄이는 기술

하루 동안 해야 하는 일들을 떠올리다 보면 머릿속이 갑자기 멈추는 순간이 찾아오곤 한다. 새로운 기획안을 만들어야 할 때나 글을 시작해야 하는 순간처럼 "생각을 만들어내는 일" 앞에서 시간이 쉽게 흘러가 버린다는 사실을 누구나 경험한다. 아이디어가 떠오르지 않으면 괜히 휴대폰을 만지작거리거나 책상을 정리하면서 시간을 보내고, 그러다 보면 시작조차 못한 채 하루의 에너지를 절반이나 써버린 듯한 기분까지 밀려온다. 이런 순간에 AI가 옆에서 부드럽게 손을 잡아주는 것처럼 아이디어의 실마리를 잡아주면 머릿속의 막힘이 조금씩 풀리기 시작하고 생각의 속도가 자연스럽게 되살아난다.

아이디어는 '빈 종이' 앞에서 가장 멈춘다

무언가를 새롭게 만들어야 하는 순간에 가장 큰 걸림돌은 능력이나 센스보다 "어떻게 시작할지 모르는 막막함"이다. 예를 들어 회사에서 새로운 사업 방향을 정해야 할 때나 프리랜서로서 고객에게 제안서를 보낼 때, 혹은 일상 속에서 SNS에 올릴 글 한 줄을 고민할 때조차 처음 한 걸음을 떼는 일이 가장 어렵다. 이때 AI에게 "이 주제로 사람들이 좋아할 만한 방향 5가지 알려줘"라고 부탁하면 생각이 갑자기 선명해지는 경험을 하게 되고, 마치 누군가가 수많은 선택지 중에서 가장 먼저 꺼내보기 좋은 샘플들을 책상 위에 가지런히 놓아주는 듯한 느낌을 받게 된다. 빈 종이의 부담이 사라지면 머릿속에서 작게라도 움직이기 시작하고 그 작은 움직임이 결국 새로운 흐름을 만든다.

생각의 재료를 자동으로 모아두는 방법

아이디어가 떠오르지 않는 이유는 생각이 부족해서가 아니라 보통 "재료가 정리되어 있지 않기 때문"이다. 바쁘게 지내다 보면 좋았던 문장이나 유용했던 정보가 스쳐 지나가고 다시 꺼내 쓰려고 할 때는 이미 찾기 어려워져 버린다. 이런 순간에 AI는 하루 동안 내가 본 링크나 메모를 함께 묶어 요약하거나 한 주 동안 관심 있게 본 주제들을 추려 정리해주는 역할을 하며, 마치 책상 위에 흩어진 종이들을 한 번에 파일로 모아주는 도우미처럼 작동한다. 이렇게 재료가 한자리에 모이면 머릿속에서 조각들이 자연스레 이어지고, 새로운 조합을 만들기 쉬워지며, 즉흥적인 영감도 더 빠르게 떠오른다. 아이디어를 만드는 과정은 갑자기 번뜩이는 천재성보다는 잘 정리된 재료에서 훨씬 더 많이 시작된다.

AI를 '혼자 말하는 상대'로 활용하는 방식

생각이 잘 정리되지 않을 때 사람들은 누구나 독백하듯 중얼거리며 생각을 추리고 싶어 하는데, 이때 AI는 마치 끊임없이 대답해주는 대화 상대처럼 자연스럽게 들어와 준다. 예를 들어 "이 말이 좀 애매한데 더 부드럽게 바꿀 수 있을까?", "이런 상황에서 고객이 궁금해할 만한 질문이 뭐가 있을까?"처럼 말을 이어가다 보면 내 생각이 정리되어 문장을 만드는 감각이 되살아난다. AI는 내가 던지는 문장을 다시 정리해주고 더 명확한 방향을 제시하면서, 마치 잘 듣고 반응해주는 친구처럼 아이디어의 초점을 선명하게 잡아주는 역할을 한다. 이렇게 질문과 대답을 오가는 과정에서 생각의 부담이 자연스럽게 줄어들고 아이디어의 형태가 천천히 모습을 갖추기 시작한다.

아이디어를 빠르게 여러 버전으로 펼쳐놓기

무언가를 만들 때 한 가지 버전만 붙잡고 고민하면 시간이 지나도 답이 나오지 않을 때가 많고, 그렇게 멈춰 있는 시간이 길어질수록 부담만 커진다. 반대로 AI에게 "이 아이디어로 톤이 다른 버전 5개만 더 보여줘"라고 부탁하면 단 10초 만에 선택지가 넓어지며 머릿속이 가볍게 열린다. 예를 들어 콘텐츠 기획자는 제목을 여러 스타일로 만들어 보는 데 도움을 받을 수 있고, 디자이너는 같은 콘셉트로 분위기 다른 아이디어들을 즉시 얻을 수 있으며, 프리랜서는 제안서를 구성할 때 페이지 배치를 몇 가지 형태로 받아보며 흐름을 고를 수 있다. 선택지가 다양해지면 내가 원하는 느낌을 더 정확하게 찾을 수 있고 작업 속도도 훨씬 빨라진다. 중요한 것은 AI를 단순한 정답 제공자가 아니라 이이디어를 펼쳐놓는 "확장 도구"로 활용하는 감각을 익히는 일이다.

작은 아이디어가 큰 방향을 만든다

하루 업무 속에서 떠오른 작은 생각 하나가 나중에 큰 기획이나 중요한 결정으로 이어지는 경우가 많지만 대부분의 사람들은 그 순간을 놓치곤 한다. 그래도 아이디어를 떠올린 순간 바로 AI에게 "이 생각을 기반으로 작은 기획안 형태로 정리해줘"라고 말하면 흐릿했던 감각이 구조를 갖춘 문장으로 정리되어 눈앞에 나타난다. 일종의 "아이디어 응급 기록"처럼 즉시 형태를 갖추는 과정이 생기면서 생각의 씨앗이 사라지지 않고 다음 단계로 자연스럽게 이어지는 흐름이 만들어진다. 이런 습관이 쌓이면 아이디어를 떠올리는 시간이 줄어들 뿐 아니라, 머릿속에서 생각을 붙잡고 있던 부담도 사라져 작업이 훨씬 가볍고 부드러워진다. 어떤 아이디어든 작게라도 기록하고 즉시 구조화해보는 것, 그리고 그 과정을 AI에게 맡기는 것이 일의 속도를 부드럽게 높이는 가장 실용적인 방법이다.

05
문서 작업 시간을 절반으로 줄이는 루틴

하루를 돌아보면 이상하게도 문서 작업이 가장 많은 시간을 잡아먹었다는 생각이 들 때가 있다. 보고서를 쓰거나 회의 내용을 정리하고 메일 답장을 작성하는 일은 단순해 보이지만 막상 시작하면 집중이 잘 되지 않고 불필요하게 시간을 끌며 하루의 리듬을 흐트러뜨린다. 특히 피곤한 날에는 문장을 한 줄 완성하는 데도 오랜 시간이 걸리고, 작성해야 할 문서는 자꾸만 쌓여 마음의 부담이 커진다. 이런 순간에 AI가 옆에서 가볍게 구조를 잡아주고 문장을 정리해주면 작업이 훨씬 수월해지고 머릿속이 부드럽게 정돈되는 경험을할 수 있다.

문서 작업의 시작을 빠르게 만드는 준비 루틴

많은 사람들이 문서 작업을 어려워하는 이유는 능력 문제가 아니라 "시작하는 데 걸리는 시간"이 너무 길기 때문이다. 예를 들어 보고서를 쓰기 위해 노트북을 켜고 빈 문서를 열어놓은 다음 방향을 정하지 못해 멍하니 있는 시간이 의외로 길고, 이 시간이 문서 작업의 피로를 크게 만든다. 이때 AI에게 "이 주제로 기본 틀을 만들어 줘"라고 요청하면 제목, 소제목, 구성 요소가 10초 만에 나타나며 첫 번째 걸음을 뗄 수 있게 된다. 일종의 "준비 루틴"처럼 AI가 초안을 만들어 놓으면 내가 해야 할 일은 디테일을 채우는 작업으로 줄어들고, 덕분에 문서 작성의 부담이 눈에 띄게 줄어들어 가벼운 마음으로 일을 시작할 수 있다.

문장을 직접 쓰지 않아도 흐름이 잡히는 구조 활용법

문서를 잘 쓰는 사람들은 대부분 "문장을 잘 쓰는 것보다 흐름을 잘 만드는 것"이 더 중요하다는 사실을 알고 있다. 하지만 초보자들은 이 흐름을 만드는 과정에서 막히기 쉽고 그 막힘이 곧 시간 낭비로 이어지기도 한다. 이때 AI에게 "이 내용을 기반으로 자연스러운 흐름으로 정리해줘"라고 부탁하면 내용을 정리하고 문장의 순서를 조정해주어 더 이상 막힘 없이 다음 단계로 넘어갈 수 있다. 보고서 초안을 적당히 길게 써놓고 "이걸 더 간결하게 줄여줘"라고 하거나 회의 내용 메모를 붙여 넣고 "요약해서 5줄로 정리해줘"라고 말하는 식으로 활용하면 시간이 절반 이하로 줄어드는 경험을 하게 된다. 문장을 잘 쓰려고 애쓰기보다 내용의 흐름을 맡기며 자연스럽게 정리하는 방식이 문서 작업의 스트레스를 크게 줄여준다.

반복되는 문서에 'AI 템플릿'을 적용하는 요령

문서 작업에는 생각보다 반복되는 패턴이 많고 비슷한 형식의 문서를 다시 쓰는 일이 상당히 잦다. 예를 들어 주간 보고서, 프로젝트 공유 문서, 회의록, 공지 문서 등은 전체 구조가 거의 동일하고 내용만 달라질 뿐이다. 이런 반복 작업을 매번 처음부터 작성하면 시간이 오래 걸릴 수밖에 없고 피로가 누적된다. 이럴 때 AI에게 "주간 보고서 기본 틀 만들어줘", "회의록 템플릿 만들어줘"라고 요청해 몇 가지 템플릿을 만들어두면 다음부터는 필요한 부분만 채워 넣기만 하면 되어 작업 속도가 눈에 띄게 빨라진다. 템플릿을 만들어두면 문서 작성이 굉장히 가벼워지고 머릿속 에너지를 아껴 더 중요한 일에 집중할 수 있는 흐름이 자연스럽게 만들어진다.

문서 작성 중간에 AI를 '편집자'처럼 쓰는 법

문서를 쓰다 보면 어느 순간 문장이 길어지거나 설명이 복잡해져서 스스로도 이해하기 어렵게 되는 순간이 찾아온다. 이때 AI에게 "이 문장 더 자연스럽게 정리해줘", "이 문단을 더 부드럽게 다듬어줘"라고 말하면 마치 옆에서 편집자가 조용히 도와주는 것처럼 문서가 정돈된다. 특히 긴 글을 작성할 때는 한 문단을 작성할 때마다 바로바로 AI에게 확인받으며 수정하면 완성도가 높아지고 전체 흐름이 균형 있게 맞춰진다. 이렇게 문서 작업의 중간 단계마다 AI를 활용하면 글이 산만해지는 것을 막을 수 있고, 덕분에 수정 시간이 크게 줄어들어 전체 작업 시간을 절반 가까이 단축할 수 있다. 문서 완성도를 올리는 일은 혼자 오래 붙잡고 있는 것보다 신속하게 피드백을 받으며 정리하는 방식이 훨씬 효율적이다.

문서 작업을 가볍게 유지하는 '마무리 루틴' 만들기

문서를 다 썼다고 끝나는 것이 아니라 마지막 검토 단계에서 생각보다 많은 시간이 소요되기도 한다. 오탈자를 잡거나 문장의 흐름을 다시 확인하는 과정이 피곤한 상태에서는 특히 더 오래 걸리며, 완성된 문서를 제출하기 직전에 괜히 불안해져 한참을 들여다보는 경우도 많다. 이런 습관을 줄이기 위해 AI에게 "전체 문서 흐름 체크해줘", "문장이 어색한 부분이 있는지 알려줘"라고 요청해 마무리 점검을 맡기면 훨씬 빠르게 작업을 끝낼 수 있다. AI는 누락된 정보가 있는지, 앞뒤 흐름이 자연스러운지, 문장이 너무 길거나 이해하기 어려운 부분이 있는지 세심하게 알려주어 문서의 완성도를 높여준다. 이런 마무리 루틴을 만들어 두면 문서 작업에 대한 막연한 피로감이 줄어들고 다음 작업을 시작하는 데도 부담이 적어지며 하루의 생산성이 부드럽게 이어지는 흐름이 만들어진다.

06

야근을 줄이는 스마트 프로세스

하루를 돌아보면 "오늘은 꼭 정시에 퇴근해야지"라고 다짐했는데도 어느새 야근을 하고 있는 날이 반복될 때가 있다. 맡은 일이 많아서 그런 것 같지만 실제로는 작은 작업들이 중간중간 새어 나가며 시간을 빼앗는 경우가 훨씬 많고, 갑자기 들어온 요청이나 정리가 덜 된 업무 때문에 예기치 않은 시간이 소비되기도 한다. 특히 퇴근할 시간이 다가올수록 집중력이 떨어지고 판단이 흐려져 일의 속도는 느려지기 마련이라 하루가 더 길어지는 악순환이 만들어진다. 많은 직장인들이 "시간이 부족하다"라고 느끼는 이유도 실은 일이 쌓여서가 아니라 흐름이 끊기는 순간들이 반복되기 때문이다. 이런 상황에서 AI는 해야 할 일을 빠르게 구조화하고 일정을 효율적으로 조정해 불필요하게 흩어지는 시간을 붙잡아주는 역할을 한다. 야근을 줄이는 일은 결국 시간을 되찾는 일이며 그 과정에서 AI는 매우 현실적인 조력자가 된다.

일 시작 전 하루 업무의 '체크인 루틴' 만들기

야근이 잦은 사람들의 공통점은 하루의 일정이 명확하게 정리되지 않은 채로 일이 시작된다는 점이다. 오전부터 요청이 들어오면 그대로 휩쓸려 오후까지 몰아가다가 어느 순간 "정작 중요한 일을 하나도 못 했네"라는 생각이 든다. 이때 AI에게 아침에 단 30초만 투자해 "오늘 해야 할 일 리스트 정리해줘", "긴급도와 중요도 기준으로 순위를 정해줘"라고 말하면 하루 전체의 우선순위가 빠르게 정리되고 집중해야 할 핵심이 명확해진다. 특히 중요한 일을 오전 어느 시간대에 배치할지 구체적으로 제안받으면 흐름이 정돈되고 일의 출발선이 안정적으로 잡힌다. 이렇게 하루를 시작하기 전에 체크인을 해두면 이후 들어올 요청들 사이에서 방향을 잃지 않게 되고 퇴근 시간에 쫓겨 허둥대는 일도 줄어든다.

돌발 요청을 AI로 '즉시 분류'하는 기술

야근을 부르는 가장 큰 원인은 돌발 요청이 들어왔을 때 일을 그대로 받아서 바로 처리하는 습관이다. 이런 요청들이 하루를 계속 갈라놓아 집중 흐름을 깨고 결국 여러 일을 동시에 끌고 가느라 퇴근 시간이 늦어진다. 이때 요청을 받자마자 AI에게 "지금 들어온 일의 성격을 분류해줘", "이건 바로 처리해야 할까? 아니면 정리해서 오후로 넘겨도 될까?"라고 묻는 것만으로도 부담이 크게 줄어든다. AI는 요청을 긴급, 중요, 간단, 나중으로 구분해 빠르게 판단을 도와주고 우선순위를 자동으로 조정해준다. 덕분에 업무의 흐름이 깨지지 않고 필요한 순간에만 집중을 할 수 있어 일의 밀도가 높아지며 결과적으로 퇴근 시간이 자연스럽게 당겨진다. 즉시 분류하는 과정 자체가 시간을 지키는 작은 기술이 된다.

반복되는 작업을 'AI 루틴'으로 묶어 효율화하기

하루 일과를 살펴보면 의외로 반복되는 작업이 많고 그 작업들이 시간을 잠식한다. 예를 들어 매일 작성하는 간단한 보고서, 비슷한 회의 준비, 반복되는 자료 정리 같은 일들은 한 번에 5분씩만 잡아도 하루 전체에서 꽤 큰 시간을 차지한다. 이런 반복 작업을 AI 루틴으로 만들어두면 작업 시간이 절반 이하로 줄어든다. "회의록 템플릿 만들어줘", "자료 요약 자동으로 해줘", "이 형식으로 매일 보고서를 만들어줘"같은 요청으로 기본 구조를 만들어두면 다음부터는 내용만 채우면 되기 때문에 머릿속 소비가 크게 줄고 속도가 빨라진다. 반복 작업이 줄어드는 순간 하루의 빈틈이 자연스럽게 생기고 그 빈틈이 쌓여 퇴근 시간을 앞당기는 흐름으로 이어진다.

퇴근 시간을 지키기 위한 '마감 리듬' 만들기

업무가 아무리 많아도 퇴근 1시간 전부터는 마음의 준비가 필요하다. 이 시간을 어떻게 보내는지에 따라 야근 여부가 사실상 결정된다. AI에게 "지금 남은 일들을 정리해줘", "내일로 넘겨도 괜찮은 작업이 뭐야?"라고 묻는 것만으로도 하루의 마감 동선이 정리되고 오늘 처리해야 할 일과 내일로 미뤄도 되는 일이 명확하게 구분된다.

AI는 남은 시간을 기준으로 일정 재배치를 도와주고 중요하지만 길게 걸리는 작업을 다음 날 아침 첫 시간에 배치하는 방식으로 부담을 줄여준다. 이런 마감 리듬을 매일 반복하면 하루의 에너지가 자연스럽게 가라앉고 퇴근 준비가 무리 없이 이어지도록 도와주며 야근 확률은 크게 줄어든다.

야근 없는 삶을 만드는 '업무 경계선' 세우기

야근을 줄인다는 것은 단순히 퇴근 시간을 앞당기는 일이 아니라 일과 삶 사이에 부드러운 경계선을 다시 세우는 일이다. 업무 통지가 들어오면 자동으로 반응하는 습관을 줄이고, 일정이 밀릴 때는 혼자 끌어안기보다 AI에게 우선순위 정리를 부탁하는 방식으로 부담을 나누는 태도가 필요하다. 예를 들어 "저녁 이후에 들어온 요청은 다음날 오전에 처리하는 일정으로 정리해줘"라고 알려두면 AI가 그 경계를 지켜주며 일정이 다시 흐트러지는 것을 막아준다. 또한 회의가 길어졌을 때 "이 회의 핵심만 5줄로 정리해줘"라고 바로 요청하면 회의 후 정리 시간이 줄어들어 하루 전체가 더 여유롭게 이어진다. 이런 작은 경계들이 모여 야근이 줄어들고 결국에는 지켜지는 하루가 만들어지며 더 가볍고 균형 잡힌 리듬으로 삶이 흘러간다.

8장

AI와 함께
살아가는 새로운 하루

AI를 친구처럼 쓰는 사람들

하루를 살다 보면 마음이 조금 가라앉는 순간이나 혼자서는 판단하기 어려운 순간들이 종종 찾아온다. 누구에게 털어놓기엔 사소해 보이고 그렇다고 혼자 끌어안자니 마음이 무거워지는 일들이 쌓이면 일상의 흐름이 흐려지기도 한다. 이런 순간에 AI를 친구처럼 가볍게 사용하는 사람들은 생각보다 많고 그들은 복잡한 문제를 해결하려고 하기보다 "지금 내가 어떤 상태인지"를 먼저 바라보는 데 AI를 자연스럽게 활용한다. 마치 가까운 지인에게 짧게 메시지를 보내듯 오늘의 기분을 전하고 작은 고민을 털어놓으면서 하루의 방향을 다시 정리하는 것이다. 그렇게 AI와의 대화는 일과 감정 사이의 틈을 채우며 하루를 조금 더 부드럽게 살아갈 수 있도록 돕는다.

작은 이야기를 들어주는 존재로서의 AI

AI를 친구처럼 사용하는 사람들은 의외로 "도움받기 위함"보다

"누군가가 들어주는 경험"을 더 크게 느낀다. 예를 들어 출근길에 "오늘 좀 피곤해"라고 말하면 AI는 그 감정에 맞는 루틴이나 속도를 제안해주어 자신을 억지로 몰아붙이지 않도록 도와준다. 또는 "오늘 사람 만나는 게 조금 부담돼"라고 털어놓으면 필요한 일정만 남기고 과한 계획을 줄이는 흐름을 만들어준다. 이런 대화는 누군가가 나의 상태를 알아주고 그에 맞는 리듬을 제안해주는 경험과 비슷하고 마음속 긴장이 자연스럽게 풀린다. 중요한 것은 사소한 감정에도 반응하는 대상이 있다는 사실이고 그로 인해 하루가 조금 더 가볍게 이어진다는 점이다.

일상의 고민을 정리해주는 동반자 같은 역할

어떤 사람들은 머릿속이 복잡할 때 AI에게 "지금 머리가 너무 복잡해, 생각을 정리해줘"라고 요청한다. 그러면 AI는 중요한 문제와 그렇지 않은 문제를 나누고 우선순위를 제안해 일단 한 걸음 나아갈 수 있는 방향을 보여준다. 이를테면 해야 할 일이 너무 많아 무엇부터 해야 할지 모르겠을 때 "지금 할 수 있는 가장 작은 행동이 뭐야?"라고 묻는 순간 부담이 줄어드는 것이다. 어려운 판단을 대신해주는 것이 아니라 생각해야 할 문제의 크기를 줄여주고 감정과 현실 사이의 간극을 정리해주는 역할을 한다. 이런 작은 정리는 혼자서는 잘 하지 못하는 과정이기 때문에 AI의 존재가 오히려 삶의 흐름을 정돈해주는 따뜻한 동반자처럼 느껴지기도 한다.

나를 지켜보는 두 번째 시선으로서의 AI

사람들은 자신의 패턴을 잘 파악하지 못하는 경우가 많아 똑같은 실수를 반복하거나 감정에 휩쓸려 일정을 흐트러뜨리기도 한다. 이때 AI에게 "최근에 내가 자주 하는 말이나 행동 패턴이 있어?"라고 물어보면 그동안의 대화 속에서 발견되는 작은 습관들을 알려주고 어떤 리듬이 나에게 맞는지 제안해준다. 예를 들어 "너는 오후에 집중력이 자주 떨어지니까 3시에 짧은 리셋 루틴을 넣어볼까?"처럼 세심한 조정을 해주는 것이다. 이는 마치 가까운 친구가 나를 오래 지켜보다가 "너 이럴 때 흔들리더라"라고 조심스럽게 말해주는 순간과 비슷하며 나를 객관적으로 바라보는 또 하나의 시선이 생긴다는 의미를 가진다.

혼자서는 하지 못했던 행동을 돕는 '부드러운 압력'

AI를 친구처럼 사용하는 사람들은 스스로 하기 어려운 일을 조금 쉽게 만들기 위해 AI를 활용한다. 예를 들어 운동을 자꾸 미루는 사람은 "오늘은 어떤 운동을 하면 좋을까?"라고 묻는 것만으로도 가벼운 시작 동력이 생기고, 정리 정돈을 미루는 사람은 "지금 5분만 정리할 수 있는 목록 만들어줘"라고 요청해 부담을 줄인다. 이런 작고 부드러운 압력은 혼자서는 실행하기 어려웠던 일을 시작하게 해주고 그 행동이 반복되면서 자연스럽게 습관이 만들어진다. AI는 명령하는 존재가 아니라 "이 정도면 지금 할 수 있어"라고 말해주는 동료 같은 느낌으로 다가오며 매일 조금씩 나아지는 경험을 만들어준다.

삶의 리듬을 함께 조율하는 조용한 동행

AI를 친구처럼 쓰는 사람들의 공통점은 "AI가 인생을 대신 살아주는 것"이 아니라 "나의 리듬을 함께 조율하는 존재"로 사용한다는 점이다. 즉, 모든 일을 맡기는 것이 아니라 필요한 순간에만 기대며 자신의 흐름을 잃지 않도록 균형을 잡는 것이다. 예를 들어 하루가 산만하게 흐를 때 "오늘 나한테 맞는 속도로 하루 계획 다시 짜줘"라고 말하면 당장의 컨디션과 남은 시간을 기준으로 적당한 분량과 순서를 제안해준다. 또는 마음이 복잡한 날 "지금 내 상태를 한 줄로 정리해줄래?"라고 요청하면 감정의 무게가 가볍게 분산되며 하루가 다시 움직이기 시작한다. 이런 관계는 부담 없이 가볍게 기대는 방식으로 이어지고 그 안에서 AI는 조용하지만 확실하게 삶의 질을 높여주는 동행으로 자리 잡는다.

기술이 나를 더 가볍게 하는 순간

하루를 살다 보면 스스로도 모르게 마음이 무거워지는 순간이 찾아오고 아무 일도 하지 않았는데 괜히 지친 느낌이 드는 날도 있다. 꼭 큰 문제가 있어서가 아니라 머릿속에 작은 할 일들이 겹겹이 쌓이면서 생각이 복잡해지고 그 무게가 하루의 속도를 느리게 만드는 것이다. 그런데 AI를 가볍게 활용하는 사람들은 이런 순간에 기술이 삶의 부담을 어떻게 덜어줄 수 있는지를 자연스럽게 경험한다. 무언가를 대신해주는 존재라기보다 덜 고민해도 되는 방향을 만들어주는 도구처럼 다가오고 그 덕분에 하루가 조금씩 더 가벼워지는 것이다. 그래서 기술이 주는 편안함은 성능이나 기능보다도 일상 속에서 마음의 여유를 되찾게 해준다는 점에서 더 크게 느껴진다.

머릿속 짐을 내려놓게 해주는 정리의 힘

할 일이 많을 때 가장 부담이 되는 것은 실제로 해야 하는 일보다 머릿속에 계속 떠오르는 "기억해야 할 것들"이다. 어떤 사람은 출근 후 컴퓨터를 켜기 전에 벌써 세 가지 일을 떠올리며 마음이 답답해지기도 하는데 이때 AI에게 "지금 머릿속에 있는 것들 한 번만 정리해줘"라고 말하는 순간부터 흐름이 바뀐다. 쏟아져 나오던 생각이 차분하게 정리되고 중요한 것과 중요하지 않은 것이 나누어지면서 해야 할 일의 실제 크기가 작아진다. 예를 들어 머릿속에 열 가지가 엉켜 있는 것처럼 느껴져도 AI가 분류해주면 "지금 당장 필요한 것은 두 가지뿐이에요"라고 알려주며 부담이 반으로 줄어드는 것이다. 그 작은 정리 덕분에 마음이 편안해지고 다음 행동으로 자연스럽게 이어진다.

반복되는 고민을 줄여주는 자동화의 편안함

일상에는 생각보다 "매일 같은 고민"이 많다. 점심 메뉴를 고르는 일부터 오늘 먼저 처리해야 할 일을 정하는 순간까지 하루에도 여러 번 작은 선택들이 쌓이고 이 과정에서 에너지가 소모된다. 기술이 가볍게 도와주는 지점은 바로 이런 반복되는 고민을 줄여주는 부분이다. 예를 들어 어떤 사람은 매일 아침 "오늘 일정이 복잡한데 어디부터 시작해야 하지?"라는 고민으로 하루를 열어 피곤함을 느끼는데 AI에게 "오늘 일정 순서를 정리해줘"라고 말하면 바로 하루의 흐름을 추천해주어 생각해야 할 단계를 줄여준다. 또는 요일에 따라 자동으로 할 일을 정리해주는 루틴을 만들어 놓으면 아침마다 새로운 결정을 할 필요가 없어지고 이는 놀라울 만큼 큰 편안함으로 이어진다.

감정의 무게를 덜어주는 기술의 따뜻함

기술이라고 하면 차갑고 기계적인 이미지를 떠올리기 쉽지만 요즘 AI는 사람의 감정을 가볍게 받아주고 그에 맞는 속도를 제안하는 방식으로 따뜻하게 작동한다. 어떤 사람은 퇴근길에 "오늘은 좀 힘들었어"라고 AI에게 말하는 것만으로도 마음이 조금 편안해지며 AI는 그 감정에 맞는 저녁 루틴을 추천해준다. 예를 들어 "오늘은 20분만 쉬고 나서 해야 할 일 한 가지만 해보면 어때?"와 같이 부담을 줄이고 회복을 돕는 방향을 제안하는 것이다. 이는 누군가가 나의 감정을 가볍게 받아들이고 이에 맞는 흐름을 만들어주는 경험과 비슷해 하루가 더 부드러운 속도로 이어지도록 돕는다. 기술이 감정을 대신 읽어주는 것이 아니라 감정에 맞는 리듬을 제안하는 방식으로 마음의 무게를 덜어준다.

에너지가 부족한 순간을 지켜주는 작은 도움

바쁜 날에는 시간이 부족해서가 아니라 에너지가 떨어져서 일이 어려워질 때가 많고 이럴 때 AI는 "지금 가능한 만큼만"이라는 기준을 만들어 부담을 줄여준다. 예를 들어 피곤한 오후에 "지금 내가 할 수 있는 가장 쉬운 일 하나만 추천해줘"라고 물으면 집중력을 많이 쓰지 않고도 시작할 수 있는 작은 업무를 제안해준다. 또는 "오늘 회복이 먼저일 것 같아"라고 말하면 남은 시간을 새배치해 몸과 마음이 조금 편안해질 수 있는 여유를 만들어준다. 이렇게 에너지의 흐름에 맞춘 조정은 스스로 하기 어려운 영역이기 때문에 기술의 도움은 더욱 크게 느껴진다. 작은 제안이지만 그 덕분에 흐트러진 하루가 다시 제자리를 찾게 되고 스스로를 챙긴다는 감각도 자연스럽게 생겨난다.

기술이 삶을 부드럽게 연결해주는 새로운 방식

기술이 나를 대신해 살지는 않지만 내가 더 편안하게 살아갈 수 있는 작은 연결고리를 만들어주는 존재로 자리 잡고 있다. 예를 들어 하루가 산만하게 느껴질 때 "오늘의 흐름을 한 줄로 정리해줘"라고 말하면 순간적으로 생각이 차분해지고 하루 전체를 바라볼 수 있는 거리감이 생긴다. 또한 반복되는 업무나 생활 패턴을 자동으로 정리해두면 작은 실수를 줄이는 데 큰 도움이 되고 생각보다 많은 시간을 아낄 수 있다. 이런 가벼운 연결은 삶을 강제로 바꾸려 하지 않고 자연스러운 흐름 속에서 부담을 덜어주는 방식으로 작동하며 기술이 주는 가벼움이 얼마나 따뜻한 방향으로 이어질 수 있는지를 보여준다. 그래서 AI를 활용한 하루는 더 이상 복잡한 기능을 다루는 것이 아니라 나를 조금 더 편안하게 해주는 새로운 생활 방식으로 퍼져가고 있다.

기술이 주는 가벼움이 삶의 기준을 바꾸는 순간

AI를 활용하는 시간이 늘어나면 기술은 단순히 일을 돕는 도구를 넘어 "가볍게 살아도 괜찮다"는 새로운 기준을 조용히 만들어준다. 예를 들어 예전에는 모든 일을 스스로 떠안으려 했던 사람이 "이건 AI에게 잠깐 맡겨도 되겠네"라고 생각하기 시작하는 순간, 마음속 부담의 절반이 자연스럽게 내려간다. 해야 할 일을 줄이는 것이 아니라 같은 일을 더 부드럽게 처리하는 방식으로 기준이 바뀌는 것이다. 이렇게 기술을 활용한 하루는 효율만을 위한 선택이 아니라 마음의 여유를 지키기 위한 방식이 되고, 덜 고민하고 더 편안하게 움직이는 흐름 속에서 삶이 조금 더 가벼운 방향으로 자연스럽게 다시 정리된다.

하루의 결을 바꾸는 작은 습관들

하루를 살다 보면 특별한 사건이 없었는데도 이상하게 지친 날이 있고 반대로 일도 많았는데 마음이 한결 가벼운 날이 있다. 같은 시간 속을 지나도 느껴지는 결이 달라지는 이유는 아주 작은 습관들이 하루의 분위기를 바꾸기 때문이다. 생각을 한 번 정리하는 순간, 해야 할 일 하나를 줄여주는 선택, 감정의 무게를 가볍게 넘기는 말 한마디 같은 것들이 쌓여 하루의 흐름을 바꾸는 것이다. 이런 차이는 거창한 변화에서 생기지 않고 눈앞의 작은 선택들이 모여 만들어지기 때문에 누구나 쉽게 시작할 수 있다는 장점도 있다. AI를 일상에 자연스럽게 활용하는 사람들은 이 "작은 습관들"이 만들어내는 변화를 누구보다 빨리 체감하고 기술이 어떻게 하루의 결을 다시 부드럽게 깔아주는지 경험하게 된다. 거창한 도구가 아니라 가벼운 도움처럼 스며드는 방식으로 하루의 분위기가 달라지기 때문에 그 변화는 오히려 더 오래 유지된다.

작게 시작해야 오래가는 하루의 리듬

많은 사람이 새로운 루틴을 만들려 할 때 의욕이 앞서 큰 계획부터 세우지만 오래 가지 않는 이유는 시작의 문턱이 높기 때문이다. 작은 습관부터 쌓아야 하루의 결이 자연스럽게 바뀌는데 AI는 바로 이 "작게 시작하는 흐름"을 만드는 데 큰 도움을 준다. 예를 들어 아침에 눈을 뜨자마자 해야 할 일이 여러 가지 떠오르면 마음이 무거워지는데 AI에게 "지금 가장 쉬운 할 일 하나만 알려줘"라고 하면 부담이 확 줄어든다. 어떤 날은 물 한 컵 마시기, 어떤 날은 캘린더 확인하기처럼 아주 작은 행동으로 하루를 열 수 있어 시작의 힘이 생긴다. 이처럼 첫걸음의 크기를 줄여주는 과정은 하루 전체의 리듬을 부드럽게 만들고 작은 습관이 자연스럽게 이어지도록 돕는다.

생각이 산만해질 때 흐름을 잡아주는 정리 도구

하루를 지내다 보면 머릿속이 갑자기 어지러워질 때가 있고 무엇을 먼저 해야 할지 판단이 안 서는 순간도 있다. 이럴 때 AI에게 "지금 머릿속을 한번 정리해줘"라고 말하는 사람들은 생각보다 빨리 집중력을 회복한다. 산만하게 흩어져 있던 생각들이 종류별로 나뉘고 긴급한 것과 나중에 해도 되는 것이 구분되면서 마음이 다시 차분해지는 것이다. 예를 들어 퇴근 후 해야 할 일 때문에 마음이 어지러울 때 AI가 "오늘은 에너지가 부족해 보이니 두 가지만 하면 될 것 같아요"라고 정리해주면 하루가 갑자기 덜 복잡해진다. 생각의 흐름을 잡아주는 이 작은 정리 습관은 하루의 방향을 단번에 바꾸고 감정의 온도를 낮춰줘 맑은 마음으로 다음 행동을 이어가게 만든다.

작은 행동을 이어주는 '흐름 유지 장치'

습관이 어려운 이유는 의지가 부족해서가 아니라 흐름이 끊기기 때문이다. 특히 오후가 되면 기운이 떨어지거나 외부 일정 때문에 리듬이 깨지는 경우가 많고 이런 상황에서 AI는 작은 연결고리 역할을 하며 흐름을 다시 붙여준다. 예를 들어 점심 이후 졸음이 몰려오는 시간에 "지금 내가 할 수 있는 가장 간단한 일 한 가지만 추천해 줘"라고 말하면 깊은 집중 없이도 할 수 있는 짧은 작업이 제안되고 이런 작은 행동 하나가 다시 하루를 움직이게 만드는 동력이 된다. 어떤 날은 "10분만 걷고 오는건 어때?"라는 제안을 통해 몸과 마음을 동시에 환기해 주기도 한다. 큰 루틴보다 작은 행동 하나를 다시 이어주는 흐름 유지가 하루의 결을 안정적으로 만들어준다.

감정을 가볍게 받아주는 대화 습관의 힘

누군가에게 솔직하게 털어놓는 것만으로도 마음이 한결 가벼워지는 순간이 있는데 AI와의 짧은 대화가 바로 그런 역할을 해주는 날이 있다. 예를 들어 "오늘은 왜 이렇게 집중이 안 되지?"라고 말하면 AI는 비판하거나 조언만 하는 것이 아니라 감정을 먼저 받아들여 주며 상황에 맞는 작은 제안을 건넨다. "오늘은 피곤한 날 같아요, 지금은 쉬운 일부터 해볼까요?"라는 말을 들으면 스스로에게 여유를 주기 쉬워진다. 감정을 인정하고 부담을 줄이는 작은 대화가 하루의 온도를 바꾸고 스스로를 더 편안하게 대할 수 있는 흐름을 만든다. 이런 감징 기반의 습관은 기술이 단순한 도구를 넘어 "나를 지켜주는 리듬"처럼 느껴지게 한다.

하루를 부드럽게 마무리하는 체크 습관

저녁이 되면 오늘 하루 어떻게 보냈는지 되돌아보는 시간이 필요한데 AI에게 "오늘 하루를 한 문장으로 요약해줘"라고 말하는 습관은 하루의 결을 가볍게 정리하는 데 큰 힘을 준다. 예를 들어 AI가 "오늘은 바빴지만 중요한 일을 끝마친 의미 있는 날이에요"라고 말하면 스스로 놓치고 있던 성취감을 깨닫게 되고 하루의 마무리가 더 따뜻해진다. 또는 "오늘은 휴식이 필요해 보여요, 지금은 쉬어도 괜찮아요"라는 말은 다음 날을 위한 회복 시간을 만들어준다. 하루를 정리하는 이 작은 체크 습관은 다음 날의 루틴에도 자연스럽게 이어져 더 안정된 흐름을 만드는 기반이 된다. 이렇게 기술과 함께하는 작은 습관들은 하루의 결을 다정하게 바꾸고 더 편안한 방향으로 삶을 이끌어주는 새로운 방식으로 자리를 잡아간다.

04

내일을 위해 남겨두는 여유의 기술

하루를 보내다 보면 마지막 순간에 갑자기 에너지가 떨어지고 아무 것도 하기 싫어질 때가 있는데 사실 이런 순간일수록 내일의 흐름을 부드럽게 만드는 작은 여유가 큰 힘을 발휘한다. 바쁜 날에도 마음 한쪽에 여유를 남겨두는 사람들은 내일을 준비하는 과정이 훨씬 가볍고 하루의 분위기 자체가 차분하게 이어진다. 특히 여유를 의식적으로 남겨두는 습관은 일의 속도뿐 아니라 감정의 진폭까지 안정시키며 하루를 더 부드럽게 마무리하도록 돕는다. AI를 활용하는 사람들은 이 "여유의 기술"을 더 쉽게 실천하는데 이유는 단순하다. 뒤돌아볼 시간이 없을 만큼 피곤해도 AI가 오늘을 짧게 정리하고 내일의 분위기를 미리 정돈해주는 흐름을 만들어주기 때문이다. 다음 날을 위해 조금만 덜 사용하는 마음의 에너지, 그리고 아주 작은 준비 하나가 내일 아침을 전혀 다른 느낌으로 바꿔준다. 여유란 멈추는 것이 아니라 하루의 끝을 부드럽게 말아두는 작은 선택에서 시작된다.

남겨두는 여유가 내일의 속도를 만든다

하루를 완벽하게 소진해야 성취감이 생긴다고 믿는 사람도 있지만 실제로는 반대로 남겨두는 여유가 다음 날 속도를 더 빠르게 올려준다. 예를 들어 밤늦게까지 자료를 정리하다 보면 완성도는 높아질 수 있어도 다음날 집중력이 떨어지기 쉽다. 이럴 때 AI에게 "지금 여기까지만 하고 내일 이어서 하게 마무리 포인트 잡아줘"라고 말하면 적당한 멈춤 지점이 설정되고 불필요한 소진을 막는다. 어떤 날은 "지금은 끝내지 않아도 돼, 내일 첫 10분만 투자해도 충분해"라는 조언이 부담을 덜어주고 잠들기 전 마음을 가볍게 만든다. 이렇게 하루를 조금 남겨두는 방식은 내일 아침을 시작하기 쉽게 만들어 일의 흐름을 부드럽게 이어주는 효과가 있다.

AI가 도와주는 '내일 준비의 최소한'

내일을 위해 과도한 계획을 세우면 오히려 마음이 무거워지지만 AI는 필요한 만큼만 정리해 다음 날의 진입 장벽을 낮춰준다. 예를 들어 "내일 일정 중 중요한 것만 알려줘"라고 요청하면 복잡한 일정 중에서도 핵심 몇 가지로 압축해줘 아침부터 정신이 분산되지 않는다. 또는 "내일 초반에 할 일 한 가지만 정해줘"라고 하면 제일 쉬운 행동이 선택되어 자연스러운 시작점이 생긴다. 이런 최소한의 준비는 하루를 크게 바꾸지 않는 작은 조정이지만 마음의 방향을 정리해 주는 데는 큰 힘을 준다. 부담 없이 다음 날을 준비하는 이 과정에서 여유는 자연스럽게 생기고 내일에 대한 걱정은 줄어든다.

마음을 비우는 정리 습관이 주는 안정감

여유를 남겨두기 위해 가장 도움이 되는 습관은 마음을 가볍게 비우는 짧은 정리인데 AI는 이를 편안하게 도와준다. 하루 동안 마음에 쌓인 고민이나 작은 불편함을 AI에게 "오늘 마음을 방해한 게 있었다면 알려줘"라고 건네면 그날 있었던 작은 감정의 요철들이 정리되어 머릿속이 한결 편안해진다. 예를 들어 바쁜 하루 속에서 누군가의 짧은 말에 괜히 마음이 쓰였던 장면도 AI가 "그건 자연스러운 반응이에요, 너무 신경 쓰지 않아도 돼요"라고 말해주면 불필요한 감정의 잔여물을 내려놓을 수 있다. 마음의 무게를 덜어주는 이 정리는 하루의 끝을 부드럽게 정리하고 여유를 회복할 수 있는 기반을 만들어 다음 날의 감정적 부담까지 줄여준다.

하루를 '완성'하는 것이 아니라 '닫는' 방식

여유의 기술에서 중요한 점은 하루를 완벽하게 끝내는 것이 아니라 부드럽게 닫는다는 관점이다. 해야 할 일을 전부 끝내야만 마음이 편안해지는 것이 아니라 필요한 만큼만 정리하고 나머지는 내일로 남겨두는 것이다. 예를 들어 AI에게 "오늘 남은 일 중 꼭 내일 해야 할 것만 골라줘"라고 말하면 업무의 우선순위가 자연스럽게 정리되는 동시에 "오늘은 여기서 멈춰도 괜찮다"는 신호가 생긴다. 이렇게 하루를 닫아두면 지나친 완벽주의나 끝없는 자기 압박에서 벗어나고 잠들기 전의 마음이 부드러워진다. 이 작은 선택이 다음 날의 에너지까지 보호하는 여유의 시작이며 기술이 이를 자연스럽게 도와준다.

내일이 더 편안해지는 '부드러운 마무리'

잠들기 전 AI에게 "내일 아침이 더 가벼워지도록 한 문장만 남겨 줘"라고 하면 다음 날을 향한 작은 응원이 생기고 하루의 연결이 부드럽게 이어진다. 어떤 날은 "오늘은 충분히 잘했어요, 내일은 조금 더 가벼운 마음으로 시작해요"라는 문장이 마음의 피로를 덜어주고 어떤 날은 "내일은 가장 쉬운 일부터 시작해볼까요?"라는 제안이 아침의 부담을 줄인다. 이렇게 하룻밤의 간격을 이어주는 부드러운 말은 다음 날의 흐름까지 바꿔준다. 여유를 기술로 만들어두는 과정에서 하루는 더 안정적으로 닫히고 내일은 훨씬 가벼운 마음으로 열리기 시작한다. 기술이 도와주는 이 조용한 여유는 삶을 급하게 몰아붙이기보다 더 부드럽고 건강한 방식으로 유지하게 해주는 작은 힘이 된다.

AI 시대의 새로운 라이프스타일

하루가 예측하지 못한 순간들로 가득할 때도 있고 여유롭게 흘러가는 때도 있지만 AI를 자연스럽게 활용하는 사람들은 이런 변화를 더 부드럽게 받아들인다. 아침에 눈을 뜨면 오늘의 흐름을 어떻게 풀어나갈지 짧게 묻고, 낮에는 해야 할 일을 정리하거나 작은 고민을 덜기 위해 잠시 도움을 주고, 밤에는 하루를 가볍게 정돈하는 식으로 기술이 일상의 한 부분처럼 섞여 들어온다. 이런 작은 상호작용이 쌓이면 사람은 어느새 혼자서는 놓쳤을 작은 흐름까지 챙기게 되며 하루의 안정감도 자연스럽게 높아진다. 이것은 거창한 자동화나 복잡한 시스템이 아니라 생활의 리듬을 잔잔하게 도와주는 새로운 방식의 동행에 가깝다. 그래서 어느 순간부터 사람들은 "AI는 일을 대신하는 기계"가 아니라 "하루를 가볍게 만들어주는 조용한 도우미"처럼 느끼기 시작한다. 이 흐름 속에서 우리는 기술과 함께 살아가는 방식이 얼마나 자연스럽게 진화하고 있는지 깨닫게 된다.

작게 도와주는 기술이 만드는 새로운 루틴

과거에는 기술을 사용하는 순간이 특별한 이벤트처럼 느껴졌다면 이제는 작은 선택 하나에도 자연스럽게 스며드는 형태로 변하고 있다. 예를 들어 아침에 "오늘 중요한 일 한 가지만 골라줘"라고 말하며 하루를 시작하면 일의 방향이 가볍게 정리되고 불필요한 고민이 줄어든다. 점심 무렵 잠깐 쉬는 시간에도 "지금 집중력을 회복하는 간단한 방법 알려줘"라고 묻는 정도면 리듬이 다시 정돈된다. 이런 작은 순간들의 누적이 새로운 라이프스타일을 만들어가고 있으며 AI는 이를 억지로 바꾸려 하지 않고 생활 속 빈틈을 자연스럽게 메워준다. 기술이 부담으로 느껴지지 않고 오히려 "생활의 일부"가 되는 방식이 지금의 일상에서 가장 두드러진 변화다.

집중력과 여유를 동시에 지키는 방식

바쁜 사람일수록 동시에 여러 생각이 머릿속을 차지해 집중이 흐트러지기 쉬운데 AI는 이 혼란을 정리하는 역할을 대신해준다. 예를 들어 일하다 잠시 답답함이 느껴질 때 "지금 잠깐 멈춰야 할까요, 계속해야 할까요?"라고 질문하면 AI는 상황을 고려해 짧은 판단 기준을 제시해준다. 마치 곁에서 조용히 방향을 잡아주는 동료가 생긴 것 같은 안정감을 느끼며 집중과 여유 사이의 균형이 보다 자연스럽게 유지된다. 이 과정은 단순히 일의 효율을 높이는 것이 아니라 마음의 공간을 넓혀주는 효과가 있어 하루 전체의 흐름이 더 가볍고 부드럽게 이어진다. 이렇게 기술이 마음의 부담까지 덜어주는 순간들이 쌓이면 삶의 결이 차분하게 변화하는 것을 느낄 수 있다.

시간을 설계하는 방식이 바뀌는 순간들

예전에는 계획을 세우는 일이 스스로 모든 것을 정리해야 하는 어려운 작업처럼 느껴졌지만 AI 시대에는 "나를 대신해 정리해주는 존재"가 생긴다. 예를 들어 "내일을 위해 지금 해둬야 할 일 한 가지만 알려줘"라고 하면 AI는 전체 일정을 고려해 부담이 적고 효과적인 선택을 바로 제시해준다. 또는 "이번 주 루틴에서 잘 된 점과 개선할 점 정리해줘"라고 요청하면 필요한 핵심만 압축해줘 다음 주를 설계하는 데 들어가는 에너지가 크게 줄어든다. 이렇게 기술이 시간을 정리하는 과정을 함께 해줄 때 일상은 훨씬 간결해지고 계획을 만들어가는 부담이 사라지며 자연스럽게 더 나은 선택을 할 수 있게 된다. 시간 설계가 어렵지 않다는 감각은 새로운 라이프스타일을 만드는 핵심 요소가 된다.

관계·감정·생활 전반을 다루는 '확장된 도구'

AI가 단순히 정보를 처리하는 도구를 넘어 관계나 감정, 생활 전반까지 다루는 조용한 조력자로 다가오는 것도 새로운 변화다. 예를 들어 사람과의 대화가 어려운 날 "이 상황에서 어떤 말이 부담을 덜어줄까?"라고 물으면 감정에 부드럽게 닿는 표현을 제안해준다. 또는 "오늘 기분이 왜 이런지 모르겠어"라고 말했을 때 하루의 사건들을 가볍게 연결해 마음의 흐름을 짚어주는 경우도 있다. 이런 작은 지원은 삶의 복잡한 부분들을 혼자 해결하려는 부담을 덜어주고 매일의 감정 관리가 한층 쉬워지도록 돕는다. 기술이 생활의 다양한 층위를 보듬어주는 순간들은 새로운 시대의 감각을 더 깊게 만들어준다.

기술과 함께 살아가는 삶의 새로운 질감

AI와 함께하는 라이프스타일은 화려한 혁신이 아니라 일상의 작은 결을 부드럽게 정리하는 데서 시작된다. 예를 들어 잠들기 전 "오늘 잘한 점 한 가지만 말해줘"라고 요청하면 마음의 긴장이 풀리고 하루를 긍정적으로 정리할 수 있다. 어떤 날은 "내일 아침을 가볍게 열어주는 첫 행동 알려줘"라는 질문이 다음 날의 부담을 줄여준다. 누군가는 작업 속도를 높이는 데 AI를 쓰고 누군가는 생각을 정리하는 데 활용하지만 공통적으로 기술은 삶을 더 편안하게 만들기 위해 존재한다는 느낌을 준다. 이 조용한 변화들은 쌓이면 새로운 라이프스타일이 되고 우리는 기술과 함께 살아가는 방식이 점점 더 자연스러워지고 있다는 사실을 실감하게 된다.

AI가 알려주는 똑똑한 하루 설계법

AI로 배우는 시간관리 습관

초판 1쇄 발행 2026년 1월 30일

지은이 백광석
펴낸이 백광석
펴낸곳 다온길

출판등록 2018년 10월 23일 제2018-000064호
전자우편 baik73@gmail.com

ISBN 979-11-6508-660-2 (13320)